Thomas Gut

Mushing – Hundeschlittenfahren

„Gebt mir Hunde, gebt mir Schnee,
den Rest könnt ihr behalten!"

Knud Rasmussen, grönländischer Polarforscher (1879–1933)

Impressum

Thomas Gut
Mushing – Hundeschlittenfahren
erschienen im
Reise Know-How Verlag Peter Rump GmbH,
Osnabrücker Straße 79,
33649 Bielefeld

© Reise Know-How Verlag Peter Rump
GmbH 2004, 2007, 2011
**4., neu bearbeitete und komplett
aktualisierte Auflage 2016**
Alle Rechte vorbehalten.

Gestaltung
 Umschlag: G. Pawlak, P. Rump (Layout),
 U. Kögerler (Realisierung)
 Inhalt: G. Pawlak (Layout),
 U. Kögerler (Realisierung)
 Bildnachweis: s. Seite 170

Lektorat
 amundo media GmbH

Druck und Bindung
 Media-Print, Paderborn

ISBN 978-3-8317-2732-2
Printed in Germany

Dieses Buch ist erhältlich in jeder Buch-
handlung Deutschlands, Österreichs, der
Schweiz, Belgiens und der Niederlande.
Bitte informieren Sie Ihren Buchhändler
über folgende Bezugsadressen:
Deutschland
 Prolit GmbH, Postfach 9,
 D-35461 Fernwald (Annerod)
 sowie alle Barsortimente
Schweiz
 AVA Verlagsauslieferung AG,
 Postfach 27, CH-8910 Affoltern
Österreich
 Mohr Morawa Buchvertrieb GmbH,
 Sulzengasse 2, A-1230 Wien
Niederlande, Belgien
 Willems Adventure
 www.willemsadventure.nl

Wer im Buchhandel trotzdem kein Glück
hat, bekommt unsere Bücher auch über
unseren **Büchershop im Internet:
www.reise-know-how.de**

144mu Abb. 19

*Wir freuen uns über Kritik,
Kommentare und Verbesserungs-
vorschläge, gern auch per E-Mail an
info@reise-know-how.de.*

*Alle Informationen in diesem Buch
sind vom Autor mit größter Sorgfalt
gesammelt und vom Lektorat des
Verlages gewissenhaft bearbeitet und
überprüft worden.*

*Da inhaltliche und sachliche Fehler
nicht ausgeschlossen werden können,
erklärt der Verlag, dass alle Angaben
im Sinne der Produkthaftung ohne
Garantie erfolgen und dass Verlag wie
Autor keinerlei Verantwortung und
Haftung für inhaltliche und sachliche
Fehler übernehmen.
Die Nennung von Firmen und ihren
Produkten und ihre Reihenfolge sind
als Beispiel ohne Wertung gegenüber
anderen anzusehen. Qualitäts- und
Quantitätsangaben sind rein subjek-
tive Einschätzungen des Autors und
dienen keinesfalls der Bewerbung von
Firmen oder Produkten.*

Thomas Gut

Mushing –
Hundeschlittenfahren

Vorwort

Es freut mich, dass dieses kleine Einsteigerbüchlein zum Schlittenhundesport so großen Anklang findet. Viele Leser sind begeistert von der Fülle von Informationen, die ihnen hier auf wenig Platz geboten wird. Einige sind mehr oder weniger regelmäßig Gäste bei Touranbietern und gaben mir die Anregung, ein spezielles Kapitel über das Tourenfahren (das dem Langstreckenrennen sehr ähnlich ist) zu ergänzen. Dieses findet sich in der vorliegenden Auflage unter dem Kapitel „Reisen mit Hunden".

Wirbelnder Schnee zwischen gleitenden Kufen, von einem unbeugsamen Drang nach vorn angetriebene Hunde. Hechelnd galoppieren sie den gewundenen Trail entlang, lassen die tief verschneite Winterlandschaft an einem vorbeiziehen. Ein Gefühl wie Fliegen, ein Rausch – Faszination Schlittenhundesport!

Nicht immer erlebt man den Schlittenhundesport in dieser Art, aber er birgt in all seinen Facetten eine große Faszination in sich: die Einheit von Tier und Mensch. Wer dieser erlebten und erspürten Einheit einmal erlegen ist, den lässt sie nicht mehr los.

Viele sind der Überzeugung, Schlittenhundesport gäbe es nur in den nordischen Ländern, Alaska, Sibirien und Grönland. Dies ist ein weit verbreiteter Irrtum. Auch hier in Mitteleuropa findet dieser Sport immer mehr Anhänger, wenn auch oftmals der Schlitten mit einem **Trainingswagen** und der glitzernde Schnee mit spritzendem Schlamm vertauscht werden müssen. Es bleibt jedoch immer die Faszination vorhanden, gemeinsam im Team Mensch–Tier unterwegs zu sein.

Trainingswagen
Ein Trainingswagen ist ein speziell für das Schlittenhundetraining gefertigtes drei- oder vierrädriges Gefährt.

Sicherlich ist es nicht einfach, in unseren dichtbesiedelten Breiten mehrere Hunde zu halten, geschweige denn die Zeit dafür zu haben. Aber vielleicht gibt es doch den einen oder anderen Musher (Schlittenhundeführer) in der Nähe, der einen teilhaben lässt an dieser traditionsreichen Art der Fortbewegung. Außer Tierliebe sind nicht viele Voraussetzungen nötig, um zum ersten Mal selbst unterwegs sein zu können. Weltweit gibt es viele Vereine und kommerzielle Institutionen, die den Einstieg erleichtern.

Natürlich kann im Rahmen dieses Einsteigerbüchleins nicht auf restlos alle Aspekte des Schlittenhundesports eingegangen werden, dafür ist das Thema einfach zu umfassend. Mit diesem Büchlein will ich Ihnen aber einen grundlegenden Überblick über die Schlittenhunderassen, die notwendigen Techniken und den Umgang mit den Hunden vermitteln. Darauf, wie man Hunde, die (noch) keine Zughundambitionen haben, zum Zughund macht, kann in diesem Rahmen nicht eingegangen werden. Es sei hier nur bemerkt, dass 99 % aller Huskys bereits nach kurzer Einweisung im Gespann laufen, ohne weitere Lehrstunden zu benötigen.

Jeder angehende Musher wird allerdings sehr bald tiefer in die komplexe und sensible Sportart einsteigen wollen, zumindest sollte er dies den Hunden zuliebe tun. Vor allem die Themen Ernährung, Training und Haltung sind reich an verschiedenen Meinungen und für den Anfänger nahezu unüberschaubar. Leider ist deutsche Literatur zu diesen Themen rar. Deswegen sei hier auf Veröffentlichungen in den deutschsprachigen Schlittenhundemagazinen verwiesen. Wer Englisch gut beherrscht, findet in „Dogdriver" von Julie und Miki Collins oder in dem amerikanischen Magazin „Mushing" reiche Beute.

Zudem sollen viele Hinweise auf weiterführende Literatur und Kontaktadressen helfen, den Zugang zu diesem faszinierenden Sport zu eröffnen.

Aber Vorsicht: Der Virus Mushing ist unheilbar!

Thomas Gut

Inhalt

79 Auf dem Trail

115 Sicherheit und Erste Hilfe

137 Reisen mit dem Hundeschlitten

161 Anhang

Planung und Vorbereitung

◁ Unterwegs im Riesengebirge, Tschechien (002mu Abb.: tg)

Das erste Mal

Nicht jeder hat die Möglichkeit, sich **Hunde zu halten,** und für das Mushing, den Sport mit Schlittenhunden, sind ja gleich immer mehrere vonnöten. Oftmals ist es vernünftiger, auf den Hund zu verzichten, weil eben das Leben nicht ausreichend Zeit lässt für Hunde. Und „Zeit" kann man durch nichts ersetzen. Keine noch so schöne Zwingeranlage kann dem Hund das geben, was er wirklich braucht: den Kontakt zu seinem Herrchen bzw. Frauchen. 24 Stunden am Tag und 365 Tage im Jahr, so charakterisierte Joe Redington sr., der Begründer des berühmten Iditarod-Rennens, das über 1800 km von Anchorage nach Nome in Alaska führt, den Anspruch an den Hund. Weit vernünftiger ist es also, zunächst einmal bei erfahrenen Mushern über die Schultern zu gucken, um zu erfahren, was auf einen zukommt, oder bei einem Kurs in einer Schlittenhundefahrschule die Grundlagen des Mushings zu erlernen. Die Anschaffung eines Hundes ist immer eine Entscheidung für viele Jahre und sollte daher reiflich überlegt sein. Zu viele Huskys warten in Tierheimen auf neue Besitzer, welche die Grundvoraussetzungen für die Anschaffung dieser leistungsfähigen Tiere mitbringen: Zeit, Erfahrung und Ausdauer.

Auf eigene Faust

Dies ist sicherlich **der beschwerlichste Weg,** diesen Sport zu erlernen. Neben den Hunden benötigt man nämlich zudem eine Reihe von Ausrüstungsgegenständen. Wenn Sie dieses Buch gelesen haben, hilft es Ihnen hoffentlich, viele Fehler zu vermeiden, sei es bei der Auswahl des richtigen Hundetyps, beim Umgangs mit den Hunden oder beim Ausrüstungskauf. Meist passiert es, dass man auf Grund unvorhersehbarer Umstände zum Husky-Besitzer wird und die Faszination im Inneren der Seele zu arbeiten beginnt.

Die ersten Zug-Versuche beginnt man normalerweise mit dem Fahrrad, denn für den Schlitten oder Wagen benötigt man mehrere Hunde. Bald wird man unweigerlich mit der Entscheidung konfrontiert, wieder mit dem Mushing aufzuhören oder sein Leben umzukrempeln, um sich zur Gänze auf die Hunde einzustellen. Sollten Sie sich für die zweite Alternative entscheiden, gebe ich

Ihnen den Rat, sich von einem Musher **einen älteren, erfahrenen Leithund zu kaufen.** Auch wenn dieser bereits 5 oder 7 Jahre alt ist – es lohnt sich allemal! Dies ist eine gute Ausgangsbasis für den Aufbau eines eigenen Schlittenhundeteams, denn man erspart sich Nerven und Lehrgeld.

△ Alaskan Husky

Im Verein

Eine Mitgliedschaft im Verein ist natürlich immer sinnvoll, beispielsweise aus versicherungstechnischen Gründen, bei möglichen Problemen mit Tier- und Landschaftsschützern oder etwa wegen der Möglichkeit, Trainingstrails nutzen und an Rennen teilnehmen zu können. Leider ist **der Kreis der Schlittenhundesportler in Deutschland wie auch in den meisten europäischen Ländern sehr klein,** sodass sich vor Ort selten die Möglichkeit bietet, an einem Vereinsleben teilzunehmen. Zudem macht das im Vereinsleben obligatorische Hickhack untereinander es dem Anfänger nicht unbedingt leicht, in den Sport einzusteigen.

Doch es gibt auch **positive Entwicklungen.** So sind seit 2010 die beiden großen deutschen Schlittenhundeverbände AGSD (Arbeitsgemeinschaft Schlittenhunde Deutschland) und DSSV (Deutscher Schlittenhundesportverband) in **einem Verband** vereint, der sich sich **VDSV** (Verband deutscher Schlittenhundesport Vereine e.V.) nennt. Dieser gliedert sich in zwei Sparten: eine für reinrassige Hunde und eine ohne Rassentrennung. Gestartet wird gemeinsam, gewertet allerdings getrennt.

Leider sind Angebote in der **Anfängerschulung** immer noch nur in Ansätzen vorhanden. Daher ist es zurzeit noch schwierig, als Anfänger in Vereinen das notwendige Know-how zu erlernen. Eventuell kann man aber über den Verein einen Musher in seiner Nähe finden, bei dem man mithelfen und das Arbeiten mit Schlittenhunden hautnah erleben kann.

Bei kommerziellen Anbietern

Das ist zur Zeit wohl die beste Möglichkeit, in den Sport einzusteigen. Hier bekommt man (hoffentlich) bereits gut erzogene und disziplinierte **Schlittenhundeteams,** an denen man sich versuchen kann. Unter Anleitung eines erfahrenen Ausbilders lernt man so nach und nach, ein kleines Schlittenhundegespann zu führen und zu versorgen. Sicherlich sind **Musherkurse** nicht ganz billig, aber bevor man sich selbst ein Lebewesen anschafft, das man dann mehrere Jahre zu (ver-)pflegen hat, ist es weitaus sinnvoller, das Mushing in einem solchen Kurs einmal selbst auszuprobieren.

Schlittenhundeteam
Wie der Name „Team" schon besagt, sollte die Gemeinschaft Mensch-Schlittenhunde zu einem Team zusammenwachsen, denn das ist die große Herausforderung und die große Faszination an diesem Sport!

Leider sind die **Möglichkeiten, diesen Sport zu erlernen,** in Deutschland (außer im Bayerischen Wald) und den angrenzenden Ländern sehr beschränkt (Ausnahme: Frankreich). Dagegen finden sich in den klassischen Schlittenhundeländern Finnland, Norwegen, Schweden, Alaska und Kanada eine geradezu unübersichtliche Anzahl an Anbietern. Hier muss man bei den Angeboten vorsichtig sein! Sie reichen von individuellen Touren mit nur wenigen Teilnehmern bis zu Massenunternehmungen, wo Touristen Bus für Bus durchgeschleust werden. Das Erlebnis Tier–Mensch kommt bei solchen Veranstaltungen selbstredend zu kurz.

Als Doghandler

Eine sehr kostengünstige und zudem intensive Art, die Grundlagen des Schlittenhundesports zu lernen, ist als Doghandler. Unter „Doghandler" versteht man einen **Betreuer eines Schlittenhundekennels (Zwinger),** eine Art Pferdeknecht für Hunde. Sicher ist hier die Hauptarbeit nicht das Mushen, sondern die Betreuung, aber damit fängt dieser Sport schließlich an. Martin Buser, mehrmaliger Champion des **Iditarods,** äußerte einmal, er habe nie wieder so viel Scheiße gekarrt wie in seiner ersten Zeit bei der damaligen Mushergröße Earl Norris. Martin Busers Erfolg spricht für sich.

Alles, was man als Doghandler braucht, sind **Engagement, Enthusiasmus und der Wille, mit Tieren intensiv zu arbeiten.** Meist bekommt man Kost und Logis und manchmal ein kleines Taschengeld gestellt. Baut sich nach einiger Zeit zum Musher ein Vertrauensverhältnis auf, steht dem Einsatz auf dem Schlitten nichts mehr im Wege!

Wahl des Veranstalters

Veranstaltercheck

Bevor man einen Mushingkurs bucht, sollte man sich darüber informieren, wie die Kurse durchgeführt werden:

- **Anzahl der Teilnehmer:** Je nach Streckenprofil darf pro Guide das Maximum bei sechs Schülern liegen, damit eine vernünftige Kontrolle gewährleistet ist. Wie überall sonst gilt auch hier die Regel: Je weniger Schüler, desto intensiver die Schulung.
- **Qualifikation der Ausbilder:** Wie in vielen Outdoorsportarten gibt es auch hier keine vorgeschriebenen Qualifikationen, nur Frankreich ist wieder eine löbliche Ausnahme. Es lohnt sich also nachzufragen, wie lange der Ausbilder den Sport betreibt, ob er schon längere Touren oder Rennen gefahren ist usw. Hüten sollte man sich vor Veranstaltern, die nach einem Schnupperkurs plötzlich eine eigene Schule eröffnen.
- **Disziplin in den Hundeteams:** Man kann durchaus fragen, ob hier eine unkontrollierten Hundemeute herrscht und Raufereien an der Tagesordnung sind oder ob der Veranstalter Wert auf disziplinierte Teams legt. Kann er seine Hunde frei laufen lassen, ohne dass diese dann über alle Berge verschwunden sind?
- **Länge und Schwierigkeiten der Touren:** Hier sollte man sich selbst etwas unter die Lupe nehmen und die eigene Kondition gut einschätzen können. Lange und mehrtägige Touren erfordern auch eine gewisse Resistenz gegen Kälte. Für den blutigen Anfänger ist es sicherlich sinnvoll, mit Tagestouren zu beginnen. Aber auch die unterscheiden sich manchmal gewaltig. Es ist ein Unterschied, ob man über einen See geradeaus vor sich hin träumen kann oder durch hügeligen, engen Wald fährt. Je nach Veranstalter steigen die Anforderungen dann so nach und nach.

- **Preis-Leistungs-Verhältnis:** Was ist in dem Angebot alles enthalten und welche zusätzlichen Kosten fallen für mich an, z. B. Leihgebühren für Ausrüstung (Winterbekleidung, Schuhe), Übernachtung und Verpflegung? Wie sind die Transporte vor Ort geregelt?
- **Ausrüstung:** Hier in Mitteleuropa reicht eine normale Winterausrüstung aus. Reist man nach Lappland, Sibirien oder Alaska, kann es dort schon ungemütlich kalt werden. Manche Anbieter haben in ihren Preisen deshalb zusätzliche Wärmekleidung (Schuhe, Overall, Handschuhe) mit inbegriffen. Wenn nicht, fallen schnell zusätzliche Kosten für die Neubeschaffung eines Kleidungsstücks an, das man vielleicht nie wieder benötigt.

Veranstalter in anderen Regionen

In den Regionen, in denen Mushing auf Grund der Schneeverhältnisse über einen längeren Zeitraum hinweg betrieben werden kann, gibt es zwischenzeitlich überall Schlittenhundeschulen. Der **Alpenraum** ist eine bedauernswerte Ausnahme, in Frankreich aber ist die Auswahl schon größer. Dort gibt es mittlerweile einen Zusammenschluss der professionellen Musher, um einen hohen Ausbildungsstandard zu gewährleisten.

In den **Nordeuropäischen Ländern** gibt es eine fast unüberschaubare Anzahl von Veranstaltern. Es gibt dort auch eine Reihe von ausgewanderten deutsch sprechenden Veranstaltern. Wichtig ist zu wissen, was man will: ein schnelles Mushingerlebnis in großen Gruppen oder eine individuelle Erfahrung in kleinen Gruppen, wo der Kontakt Mensch–Hund großgeschrieben wird.

Eine Liste von deutschen und im sonstigen Europa beheimateten Veranstaltern finden Sie im Anhang.

Vorbereitung des Mushers

Sieht man die hübschen Bilder von Mushern in Büchern oder im Fernsehen, bekommt man leicht den Eindruck, man müsse sich beim Mushen nur mal eben hinten auf den Schlitten stellen und die Winterlandschaft genießen. Weit gefehlt! Allein das Handling,

135mu Abb.: tg

⌂ Mushing fordert vollen Körpereinsatz von Hund und Mensch

also das Aus- und Eingeschirren der Hunde, macht einem unter Umständen schwer zu schaffen. Ein schwerer Schlitten wie bei Touren oder das Schlittenfahren hinter einem schnellen Team **fordern den ganzen Körper!** Zu dieser körperlichen Belastung kommt noch eine hohe Konzentrationsleistung hinzu. Je größer und schneller das Team und je schwieriger das Gelände, desto mehr wird vom Musher extrem hohe **Konzentrationsfähigkeit** abverlangt, da in bestimmten Situationen blitzartiges Reagieren erforderlich ist.

Eine **gute körperliche Verfassung** ist daher Voraussetzung für diesen Sport. Ausdauerläufe, Fahrradfahren und vor allem die wieder in Mode gekommenen Roller (auch „Sidewalker" oder „Scooter" genannt) bieten eine gute Trainingsgrundlage. Letzteres vor allem deshalb, weil die typische Musherbewegung, das Pedalen (Rollerfahren), geübt werden kann.

Auch **Abhärtung gegenüber der Kälte** lohnt sich. Bei Schlittentouren ist man oft längere Zeit in der freien Natur, manchmal sogar nachts. Nach dem Skifahren kann man entspannen und das so genannte Après-Ski genießen, nach Beendigung einer Schlittenhundetour hingegen müssen als Erstes die Tiere versorgt werden.

Vorbereitung des Teams

Im Gegensatz zu den meisten anderen Sportarten (außer Pferdesport) müssen beim Mushing auch die Tiere vorbereitet werden. Es macht natürlich wenig Sinn, die Hunde zu Hause ohne Training sich selbst zu überlassen und dann am Wochenende die große Bergtour unternehmen zu wollen. Für die Hunde ist der Schlittenhundesport Hochleistungssport und so müssen diese **Tiere auch wie Athleten trainiert, gefüttert und gehalten** werden. Zudem sind die Voraussetzungen für den Tourenfahrer andere als jene für den Rennfanatiker, und bei diesem muss auch wieder differenziert werden, ob er Sprint-, Mittel- oder Langstrecken bevorzugt.

Schlittenhundesport ist ein **Teamsport.** Der Musher ist Trainer, Manager, Organisator und Teilnehmer in Alleinunion. Er muss wissen, welcher Hund auf welcher Position gut ist, welcher Hund sich mit wem verträgt und mit wem nicht, d. h. ganz allgemein: wo die Stärken und Schwächen jedes einzelnen Tieres liegen. Je mehr ein Team aufeinander eingespielt und je mehr Vertrauen untereinander vorhanden ist, desto besser funktioniert das Team und damit das Mushing. Dies gipfelt in dem Moment, in dem ein perfekt „rollendes" Team den Musher in einen Rauschzustand versetzen kann.

Die Wurzel zu diesem Erlebnis liegt in der **Arbeit und Vorbereitung während der Sommermonate,** wo ansonsten wenig Konditionstraining mit den Hunden gemacht werden kann. Normalerweise fehlt einem vierbeinigen Novizen diese Vorbereitungszeit bei seinen ersten Gehversuchen. Als Neuling im Team muss er versuchen, sich in das Team zu integrieren und in der Hierarchie nach oben zu gelangen. Dies ist bei einem kurzen Urlaubserlebnis zwar etwas schwer zu realisieren, möglich ist es trotzdem. Jeder Hund hat eine eigene Persönlichkeit und so sollte man die freie Zeit des Tages mit „seinen" Tieren verbringen.

Aber bitte, bei aller Knuddeligkeit, mit der diese Hunde mitunter erscheinen – behandeln Sie diese auch wie Hunde und nicht etwa wie Plüschtiere! Zeigen Sie zudem Respekt vor dem **Individuum** und vergessen Sie nicht, auch im Spiel derjenige zu sein, der die Regeln bestimmt. Speziell Schlittenhunde haben ein ausgeprägtes Rudelverhalten und akzeptieren einen „Neuling" verhältnismäßig schnell, wenn er sich entsprechend benimmt.

Schlittenhundesport mit Kindern

Schlittenhundesport mit Kindern ist ein viel diskutiertes Thema und wird in den Vereinen in Deutschland unverständlicherweise sträflich vernachlässigt (ganz im Gegensatz zum Mutterland des Schlittenhundesports, Alaska). Sicher, jede Musherfamilie wird lachen und sagen, es sei selbstverständlich, dass die Kinder immer mit dabei sind. Was aber gilt für Kinder ohne Mushereltern? Auch hier kann getrost Entwarnung gegeben werden. Kinder, so sie nicht von Hunden verängstigt worden sind, haben eine besondere **intuitive Art, mit Tieren umzugehen.** Es ist oftmals leichter, Kinder an den Sport heranzubringen als Erwachsene. Natürlich setzt dies sichere und gut erzogene Hunde voraus. Der Husky

010mu Abb.: tg

⬆ Früh übt sich ...

ist an und für sich gegenüber Menschen nicht aggressiv. Dies macht das Mushing mit Kindern ein bisschen einfacher.

Was kontrolliert werden muss, ist die **Dynamik,** die von einem Hundeteam ausgeht. Hier muss man unbedingt vermeiden, dass das Kind angesichts der entstehenden Kräfte ein Gefühl der Hilflosigkeit entwickelt. Haben Kinder einmal das Gefühl gehabt, die Hunde kontrollieren zu können, entwickeln sie meist rasend schnell eine virtuose Geschicklichkeit am Schlitten! Für Kinder gibt es spezielle **Kinderschlitten.** Diese kann man in der Anfangsphase hinter den eigenen Schlitten spannen (Doppelschlitten). So hat man eine perfekte Kontrolle über das Kind. Wird das Kind sicherer im Umgang mit dem Schlitten, so kann man es mit einem und später mit zwei Hunden fahren lassen. Die ganz Kleinen finden meist riesigen Spaß im Packsack eines **Tobogganschlittens.**

Toboggan
Ein Schlitten mit einer wannenförmigen Ladefläche.

Wie bei allen Unternehmungen mit Kindern gilt auch hier: In der Kürze liegt die Würze. Zu lange Touren verderben schnell den Spaß am Hundeschlittenfahren. Ein besonderes Augenmerk sollte man auch auf **gute Bekleidung** und vor allem warme Handschuhe und Schuhe legen. Kinder sind zwar oft unempfindlicher als Erwachsene, doch schnell sind die Finger klamm und der Spaß dahin.

Spannend für Kinder ab 8 Jahren sind **Jugendcamps,** wie sie z. B. der Bayerische Schlittenhundesportverband veranstaltet.

Die besten Mushing-Regionen

Allgemeine Hinweise

Die besten Regionen für Mushing finden sich überall dort, wo es **besonders kühl und menschenleer** ist. In der schneefreien Zeit eignen sich Gebiete mit Wegen, die Naturbelag aufweisen. Überquerungen von befahrenen Straßen sollten so weit wie möglich vermieden werden. **Startplätze abseits bewohnter Gebiete** sind wegen des entstehenden Lärms vorteilhaft. Im Winter reduzieren sich die geeigneten Regionen wegen des erforderlichen Schnees und wegen der Nutzung durch Skiläufer ganz erheblich.

Wie bei anderen Outdoorsportarten auch, kollidieren die für das Mushing idealen weitläufigen und zivilisationsarmen Gebiete mit dem **Naturschutzgedanken.** So stehen viele scheinbar geeignete Gebiete in unseren dicht besiedelten mitteleuropäischen Breiten zurecht unter Naturschutz und sind für das Mushing tabu. Ob der naturverbundene Schlittenhundesport möglich ist, hängt oft von der Einstellung und dem Umgang beider Seiten miteinander ab. Es ist daher wie so oft nicht eine Frage des „ob", sondern des „wie".

Geeignete Gebiete in Deutschland

Entsprechend den obigen Voraussetzungen sind die **deutschen Mittelgebirge** für den Schlittenhundesport prädestiniert. In der schneefreien Zeit gestaltet sich die Trailsuche noch recht einfach, im Winter wird es meist komplizierter. Die geeigneten Gebiete werden leider auch stark von Langläufern frequentiert und Loipen

TIPP

Tipps zur Tourenplanung

- *Mittels Karten eine Strecke suchen und möglichst vorher abfahren*
- *Rundkurse oder geräumige Wendeschleifen sind unproblematischer als Wendemanöver!*
- *Vielbegangene Wanderwege meiden*
- *Je nach Teamkontrolle können bäuerliche Gehöfte mit den dort einzukalkulie-renden, freilaufenden Tieren zu einem Problem werden.*
- *Streckenlänge und -profil den eigenen Fähigkeiten und denen der Hunde un-bedingt anpassen*
- *Mögliche Abkürzungen ermitteln, falls die Tour abgebrochen werden muss*
- *Einen Startplatz wählen, wo Anwohner möglichst nicht belästigt werden*
- *Lokale Musher oder Gemeindevorsteher über mögliche existierende Fahrver-bote befragen*
- *Eventuell Informationen über die Lawinensituation einholen*

dürfen in der Regel nicht befahren werden. In Gebieten mit **Natio-nalparks** und **Naturschutzgebieten** herrschen weitere Einschrän-kungen. Generell empfiehlt es sich, mit den Vereinen der jewei-ligen Region Kontakt aufzunehmen (s. Liste Seite 166).

Eine **präparierte Trainingsstrecke** findet man in Haidmüh-le im Bayerischen Wald. Erste Fahrversuche kann man bei der Waldschrat's Adventure Company in Frauenau, ebenfalls im Baye-rischen Wald, unternehmen. Weitere schöne Gebiete finden sich in der Nähe von **Todtmoos** und **Bernau** im Schwarzwald. Dort werden auch Mitfahrgelegenheiten angeboten. Des Weiteren gibt es im **Thüringer Wald,** im **Erzgebirge** und im **Fichtelgebirge** gute Möglichkeiten. Im **Chiemgau** und im **Allgäu** herrschen ebenfalls gute Mushingmöglichkeiten.

In Europa

In **Mitteleuropa** gibt es gute Reviere in Polen, Tschechien (Sumava und Riesengebirge), Österreich (Werfenweng, Neukirchen am Wildkogel, Grünwald im Mühlviertel), Schweiz (Silvretta, Engadin, Jura), Italien (Pustertal), Frankreich (Französischer Jura, Vercors, Pyrenäen), Spanien (Pyrenäen) und in Slowenien.

Die besten Mushing-Regionen

⌃ Ungeduldig warten die Huskys auf den Start

In **Nordeuropa** gibt es in allen drei skandinavischen Ländern hervorragende Möglichkeiten: in Norwegen in den Regionen um Lillehammer, Femunden, Karasjok, in Schweden um Kiruna und in Finnland bei Kittilä, Kuusamo – um nur einige zu nennen. Trailinfos erhält man bei lokalen Mushern und Veranstaltern. Bekannt geworden durch die Expeditionen von Nansen ist **Grönland,** eines der traditionellen Gebiete des Schlittenhundefahrens.

Weltweit

- **Nordamerika:** Hier steht an erster Stelle natürlich das Traumland des Mushers, **Alaska.** Vor allem in der Region um Fairbanks und entlang des Yukon River gibt es unzählige Trailkilometer. Fast ebenso bekannt ist Kanada, vor allem das Yukon-Territory um die berühmte Goldwäscherstadt Dawson City. Aber auch die Gegenden um Yellowknife, Quebec und Labrador sind bekannte Mushergebiete. In den USA gibt es berühmte Gebiete in Maine und Minnesota und entlang der Rocky Mountains.
- **Südamerika:** Hier gibt es Möglichkeiten in Patagonien.
- **Russland:** Trotz der komplizierten Einreisemodalitäten lohnt sich Russland für abenteuerlustige Musher. Die Gegend um Moskau, Irkutsk am Baikalsee, Tschukotka oder die Halbinsel Kamtschatka bieten gute Möglichkeiten. Vor allem in Kamtschatka gibt es eine kleine, rührige Szene (Infos: www.kamchatka.gov.ru).
- **Mongolei:** 2002 von Joel Rauzy erstmals mit Schlittenhunden besucht, könnte sich das Land zu einem guten Mushingrevier entwickeln (Infos: www.extreme-mongolia.com).
- **Afrika:** Sogar auf dem schwarzen Kontinent gibt es Mushing, nämlich in Südafrika (Infos: razia@telkomsa.net).
- **Neuseeland:** Auch hier ist die Mushing-Szene aktiv (Infos: www.safssdogsledding.co.za).
- **Australien:** In Australien gibt es aktive Musher, aber leider nur sehr wenig Schnee (Infos: www.assa.asn.au).
- **Japan:** Vor allem auf Hokkaido gibt es eine lange Schlittenhundetradition und viele Antarktisexpeditionen kamen aus Japan (Infos: www.mushingworks.com).
- **Jamaika:** Sogar Jamaika hat eine aktive Musherszene (Infos: http://chukka.com/jamaica-dog-sled-team).

Schlitten-
hunde

◁ Korjake aus Kamtschatka ist auf traditionelle Weise mit seinem Gespann unterwegs (003mu Abb.: jö)

Allgemeines

Bei vielen Leuten entsteht beim Gedanken an einen Schlittenhund sofort das Bild eines knuddeligen Vierbeiners mit grauweißer Zeichnung und blauen Augen. Besucht man dann ein Schlittenhunderennen, so stellt man mit Erstaunen fest, welch **vielfältiges Erscheinungsbild** Schlittenhunde aufweisen. Schwarze, rote, weiße, gescheckte, schlanke große, kleine zierliche, Stehohren, Schlappohren – das sollen alles Huskys sein? Natürlich, denn ein Schlittenhund ist per definitionem ein Hund, der einen Schlitten zieht (und dem das Ziehen angeboren ist)! Variationen ergeben sich aus den Ansprüchen der Besitzer und Nutzer sowie den regionalen und klimatischen Bedingungen, in denen der Hund eingesetzt wird.

Schlittenhunde bilden **keine streng getrennte Rasse,** sondern ein Kontinuum verschiedenster Hundetypen. Immer wieder wurden sie zur Verbesserung ihrer Eigenschaften mit anderen Hunden und sogar Wölfen gekreuzt. Die Schlittenhunde bekamen ihre Jagd- und Zugeignung durch menschliche Selektion und in früheren Zeiten durch eine harte, natürliche Auslese. Isolierte Züchtungen über mehrere Generationen hingegen führen bei sämtlichen Tierarten zu einer Einengung des Genpools und damit verbunden zu einer erhöhten Anfälligkeit für Krankheiten und weniger Widerstandsfähigkeit.

Die Schlittenhunderassen

Der Alaskan Husky

Der Alaskan Husky (s. Bild Seite 11) ist die **Weiterentwicklung des Schlittenhundes der Indianer** an die heutigen Anforderungen. Der Alaskan Husky ist ein überaus athletischer Hund mit einem eleganten Laufstil, der perfekt an die heutige Anforderung (Rennen in allen Streckenlängen) angepasst ist.

Schlittenhundesport wird heute weltweit betrieben und so ist es nur eine logische Schlussfolgerung, dass dieser Hund den klimatischen Bedingungen angepasst wird. Die früher wichtigen

Merkmale Härte und Jagdtalent sind nicht mehr notwendig und werden ersetzt durch **Schnelligkeit, Ausdauer und Führigkeit.** Der Alaskan Husky wird wie seit Urzeiten nicht reinrassig gezüchtet, sondern den Erfordernissen angepasst. So werden speziell in Europa mehr oder weniger auch andere Hunde eingekreuzt, vorwiegend Pointer, Vorstehhunde, Setter und Windhunde. Überwiegt der Anteil an „Nichthuskyrassen", spricht man von **Hounds.**

Führigkeit

Dieser Ausdruck aus der Sprache der Hundebesitzer bedeutet soviel wie „Ansprechbarkeit" und „Lenkbarkeit".

Der Alaskan Malamute

Der Alaskan Malamute ist auch als die „Lokomotive des Nordens" bekannt. Er bekam seinen Namen von den Malimiut, den Einwohnern der Kotzebueregion in Alaska. Diese Hunde wurden gezüchtet, **um schwere Lasten zu ziehen** und raue Winter auszuhalten. Sie sind die Schwergewichte unter den Schlittenhunden. Sie zogen nicht nur Schlitten, sondern auch die großen **Umiakboote** entlang der Küste. (So ein Umiak konnte schon mal eine Tonne wiegen.) Malamutes wurden auch als Tragetiere eingesetzt. Insgesamt zogen sie, ähnlich den früheren Europäischen Zughunden, ihre Last meist in Begleitung ihres Herrn, ganz im Unterschied zu den anderen Schlittenhunden. Der Malamute wird seit einiger Zeit auch nach einem Rassestandard gezüchtet.

012mu Abb.: tg

Umiak

Ein kanuähnliches Boot mit einer Fellhaut

Der Eskimohund

Der sogenannte Eskimohund oder besser Inuithund ist **der älteste uns bekannte Schlittenhund.** Seit 10.000, vielleicht aber auch schon seit 30.000 Jahren reisen und jagen die Bewohner der Arktis mit diesen Hunden. Eine **exzellente Mischung aus Ausdauer,**

Härte, Jagd- und Zughund machen diesen Hund weltweit zu einem perfekten Begleiter für die Nomaden des Eises. Bei dieser Beziehung zwischen Mensch und Hund ist ein großes Maß an Vertrauen untereinander notwendig, um in diesen extremen arktischen Bedingungen überleben zu können. In der Form des Kanadischen Eskimohundes und des Grönlandhundes wird dieser Hund auch reinrassig gezüchtet.

Der Europäische Schlittenhund

Der Europäische Schlittenhund oder Hound ist eine gezielte Mischung aus Englischem Pointer, Deutschem Kurzhaar und den besten Alaskan Huskys. Diese Hunde sind relativ groß und athletisch mit einem kurzen, aber dichten Fell. Sie sind untereinander wenig aggressiv, sehr führig und **für die Ansprüche eines Mitteleuropäischen Rennhundes ideal geeignet.**

Hounds wurden in Alaska schon vor über einhundert Jahren als Schlittenhunde eingesetzt (oft auch als „Bird Dogs" bezeichnet). Aber erst die Skandinavier begannen in den 1980er-Jahren gezielt, Hounds zu züchten. Im Gegensatz zu den „Ur"-Schlittenhunden benötigen sie oft mehr Futter und ihre Pfoten sind nicht so extrem belastbar. Die Hunde brauchen länger in der Entwicklung, aber dann sind sie umso leistungsfähiger. In Sprint- und Mitteldistanzrennen sind sie mittlerweile das Maß der Dinge, lediglich im Langstrecken- und Tourenbereich dominiert der klassische Polartype Husky.

Der Samojede

Samojeden bekamen ihren Namen von dem **Volksstamm der Samojeden,** die im nördlichen Zentralsibirien heimisch sind und in vielen selbstständigen Stämmen ein riesiges Gebiet vom Arktischen Ozean im Norden bis hin zu den Sayan-Bergen im Süden bevölkerten. Der Samojede als Hund ist ein mittelgroßes Tier. Sein Fell variiert von braun und mehrfarbig im Süden bis zu rein weiß im Norden. Diese bei uns bekannte weiße Form ist Produkt der Anpassung des Hundes an die Jagd im Schnee. Diese nördlichen Hunde werden auch als Schlittenhunde eingesetzt, während die südlicheren Rentierherden hüten. Samojeden werden auch nach Rassestandards gezüchtet.

Der Siberian Husky

Die Siberian Huskys waren ursprünglich Hunde der Tschuktschen, Korjaken, Ewenen und Itelmenen von der Tschukotka- und Kamtschatka-Halbinsel an der Beringstraße im fernen Osten Russlands. Diese Völker waren meist unterteilt in Rentiernomaden im Landesinneren und **meerestierjagenden Küstenbewohnern.** Fanden sich bei den Rentiernomaden eher selten Hunde, so hatten die Küstenbewohner ähnlich den Inuit Schlitten- und Jagdhunde.

Der Siberian Husky ist ein mittelgroßer, dynamischer Hund mit einem dichten Fell – Attribute, die ihn zu einem **idealen Zughund für leichte Lasten auf langen Strecken** machen. Diese Hunde werden seit Jahrtausenden gezüchtet und kamen im Zuge der Völkerwanderungen über die Beringstraße auch nach Alaska. Sie wurden immer wieder mit anderen nordischen Hunden gekreuzt, um die Leistungsfähigkeit zu erhalten oder zu verbessern. Auch Wolfseinkreuzungen werden berichtet und kontrovers diskutiert. Diese Rasse wird seit etwa 80 Jahren auch nach Rassestandards gezüchtet.

015mu Abb.: tg

Der Kamtschatka-Zughund

Der Kamtschatka-Zughund wie auch sein nördlicher Kollege, der Tschukotka-Zughund, sind die **Überbleibsel des ehemaligen Sibirischen Schlittenhunds.** Er wird von den dort lebenden indianischen Völkern, den Tschuktschen und Korjaken, nach wie vor als arbeitender Schlittenhund eingesetzt. Wie der Inuithund ist auch er seit tausenden von Jahren an das raue Leben in Sibirien angepasst. Kamtschatka-Zughunde sind mittelgroß mit einem dichten, dicken Fell in allen Farbschattierungen. Sie sind im Allgemeinen gut zu erziehen und dem Menschen gegenüber sehr freundlich. Zuchtverbände versuchen diese Hunde in reinrassiger Form zu erhalten.

Weitere für den
Schlitten- und Zughundesport genutzte Hunde

Natürlich gibt es noch viele weitere für den Schlittenhundesport geeignete Hunderassen. Zu nennen sind der German Trail Hound (dem Europäischen Schlittenhund sehr ähnlich), Pointer, Vorstehhunde und Windhunde, der Tschechische Berghund, Labrador, der Tschechische Wolfshund, Cuvac, Irish Setter, Gordon Setter, Border Collie, Dobermann, Retriever, Königspudel und der Schäferhund. Viele dieser Hunde werden und **wurden in Alaskan und Siberian Huskys eingekreuzt,** um die Eigenschaften zu verbessern.

Das Problem dieser Hunde im Vergleich zum Alaskan oder Siberian Husky liegt in der Pfotenqualität, der Fellqualität, der Widerstandsfähigkeit im rauen Winterwetter und im Futterverbrauch. Trotzdem soll dies Besitzer von geeigneten Hunden nicht davon abhalten, ihren Hund auch für das Mushing zu verwenden. Die Liste ist damit nicht zu Ende, denn es können alle großen Hunderassen im Zughundesport eingesetzt werden.

◁ Tschechischer Berghund

⌃ Moderne Zwingeranlage

Haltungsvoraussetzungen

Um Schlittenhunde halten zu können, braucht es zunächst nicht viel. Vorhandener, großzügiger Platz wird oft in seiner Bedeutung hochgespielt, spielt aber letztlich nur eine untergeordnete Rolle. Was hilft eine „vergoldete Anlage", wenn der Besitzer keine Zeit hat? **Zeit** ist die wichtigste Voraussetzung, um Hunde zu halten!

Je mehr Hunde man hat, umso nötiger wird ein durchdachtes **Zwingermanagement.** Ein Buch zum Eintragen oder entsprechende Software am PC, wie z.B. das STS Kennel- und Trainingsmanagementprogramm (www.dogtec.com/kennel/Lowlandstrail/blog/STS) helfen dem Hundehalter, den Überblick über Training, Impfung, Läufigkeiten, Stammbäume u. Ä. zu bewahren.

Hundekauf

Ein heikles Thema ist der Hundekauf. Kein Musher verkauft seine besten Hunde! Je mehr man den Hund vor dem Kauf kennt, desto besser. Aber das ist eher selten der Fall. Ein Testen des Hundes ist manchmal möglich, aber dies sagt nicht immer viel aus. Jeder Hund gibt sich bei einem anderen Menschen anders. Die Position, die der Hund im Team des Verkäufers hat, sagt einiges über sein Leistungsvermögen aus, aber nicht über sein Wesen. Deshalb

Kosten

Wie bei allen Sportarten kann man mit eigener Improvisation und etwas Glück sehr günstig die notwendigen Ausrüstungsgegenstände (und Hunde) bekommen. Besonders **das Frühjahr ist eine günstige Zeit** für Hundeausrüstung jeglicher Art. Denn dies ist die Zeit, in der Musher, die vom Schlittenhundesport zurücktreten, ihre Sachen abgeben. Trotzdem bleiben natürlich einige Kosten erhalten. In nachfolgender Liste sind die Preise für Neuanschaffungen aufgeführt.

Für Hunde und Zubehör:

Huskywelpe	300-1000 €
Husky erwachsen	500-3000 €
Hundehaftpflichtversicherung	200-300 €/Jahr
Halsband	ca. 10 €
Zuggeschirr	20-40 €
Zugleine für vier Hunde	ca. 40 €
Trainingswagen 4-Rad	1500-3000 €
Schlitten	500-2000 €
Booties	2-5 €/Stück
Stake-out aus Kettenmaterial für vier Hunde	ca. 40 €

Für den Musher:

Stiefel	150-500 €
Winterlaufschuhe	50-250 €
Jacke	200-500 €
Overall	200-600 €
Handschuhe	30-150 €
Mütze	10-100 €
Sonnenbrille, Schneebrille	30-50 €
Schlafsack	500-1000 €
Gesichtsmaske	ca. 100 €
Kompass	30-100 €
GPS	200-1000 €
Topografische Karten	10-20 €

sollte man **immer hinterfragen, warum der Hund verkauft wird.** Ist es das Alter, seine Unverträglichkeit mit anderen Hunden, Leistungseinbrüche im Team und wenn, unter welchen Umständen treten diese auf? Sind Krankheiten oder Verletzungen der Grund?

Der Schlittenhund im Sommer

Nun ist ja nicht das ganze Jahr Winter. Was also tun mit unserem Polarhund im Sommer? Immer wieder geistern Gerüchte durch die Lande, dass Schlittenhunde bei uns in den verhältnismäßig warmen Regionen im Sommer leiden würden. Das ist nun bei weitem nicht so. Auch in den Ursprungsländern der Huskys sind die Sommer zwar kurz, dafür aber heiß und trocken.

In den kühlen Morgenstunden lassen sich kurze Trainingseinheiten durchführen. Freilauf neben dem Fahrrad und Wanderungen mit Packtaschen sind nur einige der Möglichkeiten, wie ein Schlittenhund im Sommer bewegt und fit gehalten werden kann.

Formen des Schlittenhundesports

Pulkasport und Canicross

Eine sehr sportliche Variante des Schlittenhundesports ist **Skijöring und der Pulkasport.** Diese haben in Skandinavien eine lange Tradition. Dabei begleitet der Musher seine Hunde nicht auf dem Schlitten, sondern auf Langlauf- oder Tourenskiern. Beim Skijöring ist der Musher direkt mit einer Leine mit dem Hund verbunden, beim Pulkasport zieht der Hund einen wannenartigen Schlitten, die Pulka, mit dem er durch ein Gestänge verbunden ist. Ohne Schnee heißt dieser Sport Canicross und beinhaltet auch Laufen, Rad- und Rollerfahren.

Schlittenhunderennen

Auch wenn man selbst keine Rennen fährt, sollte man sich dessen bewusst sein, **dass es ohne den Rennsport keine Schlittenhunde mehr gäbe!** Man muss nicht unbedingt vorne mitfahren, Schlittenhunderennen geben vielen Musher die Gelegenheit, ungestört eine präparierte Strecke mit ihren Hunden zu genießen. Die Aufregung und das dabei produzierte Adrenalin tun ein Übriges. Auch als Zuschauer ist man von der Atmosphäre solch einer Veranstaltung fasziniert. Schlittenhunderennen werden auch hierzulande immer populärer. Man unterscheidet zwischen Sprint-, Mitteldistanz-, Langstrecken- und Etappenrennen.

Sprintrennen

Die Sprintrennen werden unterteilt in Pulka, Skijöring, 2-, 4-, 6-, 8-Hunde und unlimitierte Hundeanzahl. Die Streckenlängen variieren dabei je nach Kategorie **zwischen 4 und 25 km,** das größte und älteste Rennen der Welt, das North American Championchip, geht dabei sogar bis 50 km.

Mitteldistanzrennen

Mitteldistanzrennen gehen über Distanzen von **30–100 km** pro Lauf, hier wird meist in einer limitierten Klasse (6 oder 8 Hunde) und einer unlimitierten Klasse (oftmals auf 12 Hunde beschränkt) gestartet. Bei Sprint- und Mitteldistanzrennen wird meist an zwei Tagen ein Lauf ausgeführt und die Zeiten schlussendlich zusammengezählt, bei internationalen Meisterschaften meist sogar an drei Tagen.

Langstreckenrennen

Langstreckenrennen gehen über Distanzen von **500 km und mehr** und sind in der Regel für Teams mit 12–16 Hunden ausgeschrieben. Die Zeit läuft von Start bis Ziel, etwaige Pausen obliegen der Strategie des Mushers, von einigen Pflichthalts mal abgesehen.

Etappenrennen

Eine Besonderheit stellen Etappenrennen im Stile der Tour de France dar, dabei werden Strecken **bis zu 600 km** in mehreren Etappen zurückgelegt.

⌃ Thomas Gut bei einem Rennen auf der Seiseralm in Südtirol

Berühmte Rennen

Berühmte Rennen sind das 1800 km lange **Iditarod** in Alaska und das 1600 km lange **Yukon Quest** in Kanada/Alaska. Das Pedant in Norwegen heißt **Finnmarksloppet** und ist 1000 km lang. Berühmt sind auch die Sprintrennen **North American Championship** und **Anchorage Fur Rendezvous.** Große Rennen in Mitteleuropa sind der **Alpentrail** in Südtirol, das **Šediváčkův Long** in Deštné (Tschechien) und **La Grande Odyssée** in den französischen Alpen.

Europa- und Weltmeisterschaften

Die **Weltmeisterschaften des Weltdachverbandes IFSS** finden alle zwei Jahre statt, abwechselnd in Europa und Amerika, daneben gibt es noch diverse **Europa- und Weltmeisterschaften** der weiteren Verbände. Eine Auswahl an Rennorten in Deutschland und im Alpenraum findet sich im Anhang. In **Deutschland** werden „normale" Rennen seit 2010 von den Verbänden gemeinsam ausgetragen, gewertet wird nach Rassen getrennt. Die Teilnahme an Europa- und Weltmeisterschaften findet noch separat statt.

Geschichte des Schlittenhundesports

Schon vor **mehr als 4000 Jahren** wurden in Sibirien Schlittenhunde zur Fortbewegung benutzt. Die Samojeden, Korjaken und Tschuktschen sowie einige andere nomadische Völker nutzten die genügsamen Tiere auf ihren ausgedehnten Jagdreisen in der ewigen Weite der arktischen Regionen. Auf ihren Wanderungen brachten sie diese Tiere auch in andere Gebiete der nördlichen Halbkugel, vor allem aber über die Beringstraße nach Alaska und das übrige Nordamerika.

Die **Geschichte und Mythologie** der Eskimos und Indianer sind aufs Engste mit dem Hund verknüpft. Bis zur „Entdeckung" Amerikas durch die Europäer und der damit verbundenen Einfuhr von Pferden wurden bis in Breiten des jetzigen Mexiko ausschließlich Hunde als Lasten- und Zugtiere benutzt. Eine Familie besaß im Durchschnitt ca. zehn Hunde, reiche sogar bis zu 100!

Grob konnte man in dieser Zeit **drei verschiedene Hundetypen** unterscheiden, untergliedert in viele Unterarten. Im Norden dominierte der große, kräftige Polarhundetyp, weiter südlich die schlankeren Indianerhunde und im Südwesten und Mexiko ein noch kleinerer Hund, der dem heutigen Foxterrier ähnlich war. In die Alaskan Huskys mit eingeflossen sind wohl die ersten beiden Typen.

Der **Polarhundetyp** war rund um die Arktis verbreitet. An ihn erinnern noch heute der Grönlandhund, die kamtschatkischen und tschukotkischen Schlittenhunderassen sowie einige speziell für Expeditionen gezüchtete Alaskan Huskys, wie etwa der „Polar Husky". Nicht zur Zucht benutzte Hunde wurden fast immer kastriert, aggressive und „faule" Hunde eliminiert. So entstanden überaus verträgliche Familienhunde, die wegen ihrer Zähigkeit, ihres Arbeitswillens und ihrer Genügsamkeit von großem Nutzen waren.

Polarforscher entdeckten als erste Europäer den Nutzen der Hunde als Zugtiere. Nansen, MacClintock und Amundsen versuchten, die Gespanne selbst zu lenken, mit anfänglich erheiternden Versuchen (zumindest für die Zuschauer), wie in Nansens „In Nacht und Eis" nachzulesen ist. Nie wieder wurden ihre gigantischen Leistungen ohne Hunde wiederholt.

Einen gewaltigen Umbruch des bis dahin beschaulichen Schlittenhundelebens brachten die weißen **Goldgräber** auf ihrem Weg in die Goldfelder des Yukon und Alaskas. Sie benutzten alles, was Lasten tragen oder ziehen konnte und nur die härtesten und widerstandsfähigsten Hunde überlebten. Beliebt waren große und schwere Hunde, auch aggressive Hunde wurden toleriert und teilweise sogar gezüchtet. Daneben wurden aber auch leichte, schnelle Hunde zu Postzwecken verwendet, so genannte „Bird Dogs". Dies waren meist Irish und Gordon Setter, Golden und Labrador Retriever u. a.

Dem Hang der Weißen zu **Wettbewerben,** bei denen es um Geld ging, haben es die Schlittenhunde wohl zu verdanken, dass es sie überhaupt noch gibt. Denn mit der aufkommenden Industrialisierung übernahmen Eisenbahn, Kleinflugzeuge und Motorschlitten die Aufgaben der Schlittenhunde.

1908 fand in Nome (Alaska) **das erste professionelle Schlittenhunderennen** statt. Das „All Alaska Sweepstakes" führte über 670 km nach Candle und zurück. Zunächst benutzte man hierfür die bewährten Lastenhunde. Doch der menschliche Ehrgeiz erkannte sofort, dass dieser Hundetyp hierzu nicht der geeignetste war, und schon im nächsten Jahr standen extra zu diesem Zweck gekaufte Hunde aus Markowo (Tschukotka) am Start. Auch Malamute-Setter-Mischlinge und Bird-Dog-Teams gingen an den Start. Erst ein Hund, der dieses Rennen bewältigt hatte, galt fortan als „Alaskan". Der Startschuss zur breit gefächerten Rasse des Alaskan Huskys war getan.

1925 konnten die Alaskans dann ihre **Leistungsfähigkeit** unter Beweis stel-len. Eine Diphterieepedemie grassierte in der von der Außenwelt abgeschlossenen Stadt Nome. Die Technik versagte auf Grund von Temperaturen von -50 °C und Blizzards. Eine Reihe von Schlittenhundeführern, unter ihnen auch der berühmte Leonard Seppala, brachten in einer Stafette **in wenig mehr als fünf Tagen das lebensrettende Serum über eine Strecke von 1000 km** nach Nome. Seit 1973 erinnert das 1800 km lange **Iditarod-Rennen** an dieses Ereignis.

Deutschland hat eine lange Zughundtradition. Wie überall auf der Welt endete diese mit der beginnenden Motorisierung am Anfang des 19. Jahrhunderts. Zuvor konnte sich kaum jemand ein Pferd leisten, doch Hunde gab es überall. Milchhändler, Bauern, Metzger, Kleinhändler und Holzhauer verwendeten Hundegespanne, um ihre Lasten ziehen zu lassen. (Sehr informativ ist das Buch „Ein Hundeleben" von Hermann Kaiser.) 1875 gab es bereits ein **Schlittenhunderennen** in Zwiesel im Bayerischen Wald. Seit den 1960er-Jahren werden in Deutschland auch regelmäßig Rennen abgehalten. Heute hat sich der Schlittenhundesport etabliert. In Bayern ist er sogar als 50. offizielle Sportart in den Landessportbund mit aufgenommen worden.

Grundlagen der Hundeerziehung

Allgemeines

Bei der Erziehung des Hundes und speziell beim Schlittenhund sind einige wesentliche Dinge zu beachten.

- Ein Hund möchte als solcher behandelt werden. Er darf nicht als Kindersatz dienen oder als reines Sportgerät missbraucht werden.
- Ein Hund benötigt einen Führer, der im sagt, was er zu tun hat (agieren statt reagieren), und der Zeit für ihn hat.
- Als Führer eines Hunderudels muss man für dieses interessant und die wichtigste Bezugsperson sein.

Anforderungen an einen gut ausgebildeten Schlittenhund

Die Anforderungen an einen Schlittenhund sind weit höher als das bloße Rennenlassen vor dem Schlitten. Damit ein Schlittenhundeteam kontrollierbar (und damit trainierbar) wird, müssen die Hunde einigen Anforderungen genügen:

- **Disziplin** beim Wässern (Tränken), Füttern, Verladen in die Transportboxen und Einspannen.
- **Gewöhnung** an den sogenannten **Stake-out** (Kette oder Draht mit Abgängen, an denen die Hunde während der Reisen befestigt werden, s. S. 73).
- **Lärmvermeidung** beim Herauslassen (Droppen) und Verladen der Hunde, ebenso während aller Vorbereitungs- und Aufräumarbeiten während des Trainings.
- **Freilauf** in der Gruppe und **Abrufen** aus der Gruppe.
- **Disziplin** der Hunde **im Gespann,** wie ausgeleint stehen bleiben (das Gespann bleibt gestreckt), keine Raufereien, kein Geschrei und Gezerre bei Stopps unterwegs.
- **Problemloses Handling am Hund,** d.h. beim An- und Ausziehen des Zuggeschirrs, bei der Pfotenkontrolle usw.
- Beherrschen der **Kommandos** (zumindest die Leithunde) für Start und Stopp, Richtungswechsel, Spurwechsel, Geschwindigkeitskontrolle, Wenden usw.

Belohnung und Strafe

Es gibt eine ganze Reihe von **Methoden,** die mehr oder weniger dazu geeignet sind oder geeignet sein sollen, ein unerwünschtes Verhalten des Hundes abzustellen und/oder ihm ein neues Verhalten anzutrainieren, dazu gehören:

- **Strafe.** Strafen sollen dem Hund vermitteln, dass er etwas bestimmtes nicht tun soll, wie beispielsweise auf den Teppich pinkeln. Mehr oder weniger sanft bekommt der Hund unseren Unwillen mitgeteilt. Leider begreift aus sprachlichen Gründen der Hund meist nicht, was wir wollen. Zudem unterscheidet ein Hund nicht zwischen Gut und Böse. Der gewünschte Effekt tritt beim Bestrafen oftmals nicht ein, dafür bleiben Misstrauen oder Angst vor dem Besitzer zurück. Das Problem liegt im „Timing". Der Hund muss sein Verhalten mit unserem Unwillen verknüpfen können. Man spricht dann von Korrektur.

- **Korrektur.** Die Korrektur ist eine körperliche oder verbale Einwirkung auf ein unerwünschtes Verhalten im Moment des Entstehens. Dies kann z.B. ein mit der entsprechenden Schärfe gesprochenes „Nein" sein. Eine Korrektur beinhaltet wie die Strafe keine Information für den Hund, was er nun tun soll – er weiß lediglich, was er nicht tun soll. Dies kann aber schon sehr nützlich sein, um beispielsweise eine Rauferei zu beenden. Eine weitere Information für den Hund, was er nun anstelle des verbotenen Verhaltens tun soll, beinhaltet die Korrektur nicht.

- **Negative Verstärkung.** Wie die Korrektur wird hier eine unerwünschte Aktion unterbrochen, aber zusätzlich durch eine vorher schon erlernte Aktion ersetzt. Der Hund wird also beispielsweise zum Pinkeln hinaus in den Garten geschickt.

- **Positive Verstärkung.** Die positive Verstärkung wendet man an, *bevor* das unerwünschte Verhalten auftritt. Dabei zeigt man dem Hund, was er zu tun hat. Bleiben wir beim eben genannten Beispiel, so lassen wir den Hund hinaus, bevor er muss, und loben ihn kräftig, während er sein Geschäft verrichtet. Das Erlebnis muss für den Hund angenehm sein, sodass er in Zukunft von sich aus ins Freie will. Natürlich liegt es an uns zu erkennen, wann der Hund muss. Dabei ist es hilfreich, Situationen zu provozieren, um gezielt auf den Hund einwirken zu können.

Praxis der Hundeerziehung

Beim ein Hund dreht sich alles Leben um Futter und Fortpflanzung. Beim Futter ist am einfachsten anzusetzen, wenn man sich in die Position des Führers schwingen will (was man auch tun sollte). Man sollte als der Besitzer des Futters und nicht als dessen Lieferant auftreten. Der Hund will das auch. Er wird das Futter einfordern, aber wir geben es erst frei, wenn der Hund z. B. ein von uns gewünschtes Verhalten zeigt. Dieses Verhalten lässt sich mit einem verbalen und/oder visuellen Signal kombinieren. Wichtig ist das Timing: Den Bruchteil einer Sekunde, in dem der Hund das gewünschte Verhalten zeigt, muss man nutzen! Natürlich sind alle Hunde Individuen und so muss man auch versuchen, auf jeden einzelnen Hund ebenso individuell einzugehen.

Dominanzproblemen kann man durch entsprechend konsequentes Verhalten vorbeugen. Außer dem eben genannten Beispiel mit dem Futter geht der Besitzer z. B. vor dem Hund durch die Tür, ist das Sofa tabu usw.

020mu Abb. tg

⌃ Welpen erfordern viel Zeit und Zuwendung

Viele uns störende Verhaltensweisen wie unnötiges Kläffen, Heulen, Bellen, aggressives Verhalten gegenüber anderen Hunden oder sogar Menschen entspringt einem ängstlichen oder nervösen Wesen. Hier hilft Bestrafen wenig, vielmehr ist die **Stärkung des Selbstbewusstseins des Hundes** gefragt. Dies bekommt er durch positive Bestärkung und Erfolg. Sehr gute Wirkung erzielt der Tellington-Touch (s. S. 41). Positive Erziehungsmethoden darf man jedoch nicht mit antiautoritärer Erziehung verwechseln. Man muss sich im Klaren darüber sein, dass ein Hunderudel einen sicheren, konsequenten und souveränen Führer benötigt, der weiß was er tut und notfalls auch für Ordnung sorgen kann.

Die Kommunikation der Hunde

Obwohl Hunde untereinander weltweit keine Kommunikationsschwierig-keiten haben, bestehen an der Schnittstelle Mensch/Hund erhebliche Proble-me. Deshalb sollte man sich mit der „Hundesprache" beschäftigen, um den Hund insgesamt besser zu verstehen. (Tipp: „Calming Signals" von Turid Rugass.)

***Bellen** ist wohl die bekannteste Form der Kommunikation bei Hunden. Er hat hier sein Repertoire gegenüber dem Wolf deutlich erhöht und diffe-renziert. So unterscheidet man Fiepen, Winseln, Knurren, Bellen und - bei Huskys sehr ausgeprägt - das Heulen. Ein Hund beginnt und alle anderen Rudelmitglieder fallen ein, bis die Stimme des Rudelführers ertönt. In der Natur steckt in dieser Antwort viel Information über das, was gerade getan wird. Da Wölfe keinen programmierten Tagesablauf haben, aber als Ge-meinschaft leben und jagen, sind sie darauf angewiesen, auch über große Entfernungen Informationen austauschen zu können.*

*Zur verbalen Kommunikation kommt die Sprache des **Geruchs** hinzu. Hierin liegt einer der Gründe, warum der Versuch des Menschen, einem Hund etwas zu sagen, manchmal misslingt. Gerüche verraten nämlich den wirklichen Zustand eines Menschen sofort. Sagen Sie „Aus!" und wollen ei-nem Hund den Knochen wegnehmen, haben jedoch innerlich Angst vor die-sem Hund, so werden sie wenig Erfolg haben. Er hat bereits gerochen, dass sie das nicht konsequent so meinen. Andersrum ist das oftmals „schlechte Gewissen" eines Hundes eine Folge unserer Geruchsausscheidung, die den Hund zur unterwürfigen Haltung ermahnt.*

*Hunde haben zudem eine sehr ausgeprägte und differenzierte **Körper-sprache**. Meist denken wir dabei an die **Rutenstellung** und das **Zähneflet-schen**. Je höher der Hund seine Rute in die Luft streckt, desto selbstsicherer ist er. Eine steil erhobene Rute beim Hund ist vergleichbar mit unserem erhobenen Zeigefinger, wenn wir dem Hund etwas deutlich sagen wollen. Das Zähnefletschen bedarf sicherlich keiner weiteren Erläuterung. Darüber hinaus beherrschen Hunde eine ganze Reihe von Signalen, die Aggressionen bremsen können. So gähnen sie, bewegen sich langsam oder sehen weg, wenn sie uns oder andere Hunde zu beruhigen versuchen.*

Angst und Ärger

Eines der größten Probleme in der Hundeerziehung ist die **Kontrolle des Ärgers in einem selbst,** wenn der Hund ein unerwünschtes Verhalten zeigt. Die Entstehung des Ärgers in uns liegt meist außerhalb unserer Kontrolle, aber wir haben die Möglichkeit, diese Schiene wieder zu verlassen. Ärger ist stark verknüpft mit der Angst vor unerwünschtem Verhalten, das man nicht kontrollieren kann, z. B. dauerndes Bellen, Raufereien, das Hochspringen am Körper usw. Aber auch mangelndes Selbstbewusstsein in einem selbst ebenso wie zu hohe Ansprüche an die eigenen Hunde führen zu Angst vor Fehlverhalten. Ärger kann unkontrolliert zu Wut und damit zu weiterem unkontrollierten Verhalten führen.

Es soll nicht verschwiegen werden, **dass Ärger in bestimmten Situationen auch sehr hilfreich sein kann.** Bei emotionalen Reaktionen wird Adrenalin gebildet. Dieses hilft, zusätzliche Kräfte zu mobilisieren, um vielleicht eine Rauferei zu beenden.

Ein **Management des Ärgers,** also eine gute Selbstkontrolle, macht einen guten Hundeführer aus. Erschwerend kommt hinzu, dass Hunde unsere Emotionen riechen können, allerdings können sie nicht unterscheiden, ob die Emotionen ihnen oder dem Menschen selbst gelten und ob es sich um Angst oder Aggression handelt. Wie kann ich nun den Ärger in den Griff bekommen?

- Machen Sie sich die **Sachverhalte bewusst,** die Ärger in einem auslösen, und lösen Sie diese gedanklich im Vorfeld (Raufereien bei bestimmten Hunden in bestimmten Situationen).
- **Beobachten** Sie die eigenen Zeichen, die im Vorfeld des Ärgers entstehen (Knoten im Bauch, sich ballende Fäuste usw.).
- Erlernen Sie **Maßnahmen,** die den Ärger kurzfristig stoppen können: **Tiefes Atmen** (Bauchatmen) wirkt durch die vermehrte Sauerstoffaufnahme im Körper gegen die Reaktion des Adrenalins. Langsames, gleichmäßiges Zählen bis mindestens 20 beruhigt ebenso wie das Denken an eine schöne, entspannende Situation (Strand, Meer ...). Bei Angst vor Situationen helfen auch Selbstbestärker wie „Ich kann das!" oder „Das geht schon!". Wenn man mit einer Situation gar nicht klarkommt, hilft auch eine längere Auszeit, also: Pause machen! Selbst beloben, wenn man eine schwierige Situation gemeistert hat!

Langfristig sollte man sich der Probleme annehmen und sie lösen. **„Agieren anstatt reagieren"** ist die sinnvollste Devise. Dazu können Problemsituationen mit Hunden provoziert und austrainiert werden.

Positive Verstärkung in der Hundeerziehung trägt ganz entscheidend dazu bei, Vertrauen zu bilden und Angst zu mildern. Und wenn man einen Hund nicht ändern kann, dann muss man lernen, diesen zu akzeptieren wie er ist.

Der Tellington-Touch (TTouch)

Hinter dem Begriff Tellington-Touch (TTouch) verbirgt sich eine **Arbeitsmethode** für Tiere (und Menschen), die auf gewaltfreie Art und Weise die **Kommunikation** verbessert, **Spannungen** lösen hilft und **Heilprozesse** fördert. Der TTouch wurde von Linda Tellington Jones aus den Methoden von Moshe Feldenkrais entwickelt. Der große Vorteil der TTouch-Methode besteht darin, dass sie in ihren Grundzügen sehr einfach zu erlernen ist und man nichts falsch machen kann!

Es ist wichtig, dass man Tiere in **Stresssituationen** (Ausstellung, Rennen) konzentriert, klar und ruhig behandelt! Der TTouch hilft dabei. Auch um Selbstkontrolle und Ausgeglichenheit beim Tier (und einem selbst) zu fördern. (Es bleibt anzumerken, dass auch der umgekehrte Weg möglich ist: Auch Menschen können in Gegenwart hyperaktiver Tiere negativ beeinflusst werden, ohne sich dessen bewusst zu sein!)

Der TTouch aktiviert **Nervenbahnen** und „schlafende" **Körperzellen,** sowie die damit verbundenen Zentren im Gehirn. Es hat nichts mit „Energien" oder esoterischem Hokuspokus zu tun, sondern ist ein durch Gehirnstrommessung nachgewiesener physikalischer Vorgang und ein erfolgreiches Hilfsmittel.

TTouch ersetzt nicht den Tierarzt, ist aber sehr wirkungsvoll in der Zeit bis er eintrifft oder wenn er nicht erreichbar ist und unterstützt die tiermedizinische Behandlung. Neben den beschriebenen Vorteilen lässt sich der TTouch sehr gut beim **Sport** einsetzen. So bei der Vorbereitung auf Rennen und Training: Mehr Körperbewusstsein gibt mehr Körperkontrolle, bessere Balance, mehr Konzentration.

Nach der körperlichen Beanspruchung bewirken TTouches eine schnellere **Regeneration,** schnellere **Entspannung,** und einen schnelleren **Laktatabbau** in den Muskeln, sowie eine Reduzierung von **Muskelverspannungen.**

Wie macht man den TTouch?

Der TTouch ist eine **kreisförmige Bewegung** auf der Haut, bei der diese mitbewegt wird. Um sie durchzuführen stellt man sich eine Uhr vor und bewegt die Haut in einem 1 ¼ Kreis von 6 bis 21 Uhr.

Die Kreise werden von den Fingern, den Fingerspitzen oder der ganzen Hand ausgeführt, man wendet sie in verschiedenen **Druckstärken** an (1–10). Die Kreise werden in Linien über den ganzen Körper gezogen und miteinander verbunden. Das heißt, die Hand bleibt auf der Haut bzw. dem Fell und streicht zum nächsten Punkt, wo ein neuer Kreis gemacht wird. Dabei versucht man eine ruhige, konzentrierte Atmung. Die verschiedenen TTouches wirken ausgleichend, beruhigend, fördern das Körpergefühl, stärken das Selbstbewusstsein, bauen Stress und Spannungen ab, können aber auch anregend und aufmunternd wirken.

Die Ernährung des Schlittenhundes

Trockenfutter oder Fleisch?

Am einfachsten ist das Füttern mit **Trockenfutter**. Viele Futtermittelhersteller bieten dieses in Premiumqualität an, die man für aktive Schlittenhunde benötigt. Mineral- und Vitaminzusätze sind enthalten und den Bedürfnissen des Leistungshundes angepasst.

Die **Vorteile** von Trockenfutter liegen auf der Hand. Es lässt sich leicht lagern, braucht wenig Platz (Transport!) und ist sauber zu handhaben, ganz abgesehen vom Geruch. Wichtig für den Hund: Er braucht weniger aufzunehmen als mit Frischfutter, um eine gleiche Energiemenge zu erhalten. **Nachteile** sind zum einen das fehlende Wasser, zum anderen der relativ hohe Gehalt an Kohlenhydraten, die der Hund nicht unbedingt benötigt. Diese führen außerdem zu größeren Kotmengen, die wiederum dem Körper Wasser entziehen und beim Laufen den Organismus mehr belasten.

Die Ernährung des Schlittenhundes

Frischfutter, in der Regel eine oder mehrere Sorten Fleisch und/oder Fisch, mögen Hunde im Allgemeinen lieber, besonders wenn sie im Stress sind. Frischfleisch besteht zu 80 bis 90 % aus Wasser und liefert die benötigte Flüssigkeit also gleich mit.

Was sind nun die **Kriterien für ein gutes Hundefutter?** Es sollte

- bei akzeptablen Futtermengen extrem viel **Energie** liefern,
- hohe **Wasserumsätze** ermöglichen,
- speziellen **Eiweißansprüchen** genügen,
- die notwendigen **Fette** in der für den Hund optimalen Zusammensetzung bereitstellen,
- das **Muskelglykogen** schnell ersetzen können,
- eine dosierte Menge und eine gute Qualität der **Faserstoffe** beinhalten,
- physiologische **Mängel,** die durch Stress entstehen, **ausgleichen,**
- **schnell zubereitbar** sein,
- kompakt und **transportabel** sein,
- unter normalen **Temperaturen** lagerfähig und schließlich
- auch **bezahlbar** sein.

Muskelglykogen

Damit wird die gespeicherte Glucose im Blut, auch „Blutzucker" genannt, bezeichnet.

134mu Abb. tg

⌃ Fleisch ist ideales Futter für die arbeitenden Huskys

Die Ernährung des Schlittenhundes

Hunde sind von ihrem Naturell und vom Verdauungstrakt her natürlich **Fleischfresser.** (Sie können zwar auch pflanzliche Nahrung aufnehmen, aber nicht im gleichen Maße verwerten.) Viele Musher vermischen das Trockenfutter daher mit Fleisch, meist mit Rinderhack oder Ähnlichem. Fleisch bedeutet im Falle des Hundes aber **ganze Tiere!** Nur diese enthalten im Komplettpaket alle notwendigen Nährstoffe in der richtigen Zusammensetzung. Einzelne Tierbestandteile (z. B. Muskelfleisch) sind unausgeglichen, was die Verhältnisse der Nahrungsbestandteile untereinander betrifft. (Dem Muskelfleisch mangelt es beispielsweise an Kalzium.)

Mischt man also in seiner eigenen „Hexenküche" Fleisch zum Trockenfutter hinzu, so ist ein **Wissen um die einzelnen Bestandteile** und eine Ergänzung der fehlenden Stoffe notwendig.

Wasser

Wasser ist **das wichtigste Lebensmittel** für den Hund. Es ist auch das billigste und am einfachsten zu besorgende. Ein Hund kann nur wenige Tage ohne Wasser überleben, dagegen Wochen ohne Futter! Ein ca. 25 kg schwerer Hund benötigt ca. 1,2 l Wasser pro Tag. Bei einer Beanspruchung als Schlittenhund steigert sich diese Menge bis um das Sechsfache!

Der Hund kann Wasser durch Trinkwasser, Wasser enthaltende feste Nahrung und durch Stoffwechselprodukte aus dem Abbau der Nahrung im Körper aufnehmen. Hieraus ergeben sich für den Schlittenhundesportler einige Schlussfolgerungen:

- Nahrung, die viel **Kot** produziert, benötigt viel Wasser.
- Trockenfutter enthält **nur ca. 8 % Wasser** und erfordert somit praktisch die komplette Wasserzufuhr über das Trinkwasser.
- Durchfall und Erbrechen **entziehen** dem Körper Wasser, ebenso hohe Temperaturen und starke körperliche Belastung.

Da der Hund außer an den Ballen keine Schweißdrüsen besitzt, verliert er die meiste Flüssigkeit über das **Abhecheln.** Ca. 60 % der Flüssigkeit werden über die Zunge abgegeben, die Atemfrequenz kann dabei bis auf das Zwanzigfache steigen. Der Vorteil liegt darin, dass der Hund keine Mineralien verliert und seinen Flüssigkeitshaushalt sehr schnell wieder ins Lot bringen kann.

Die Ernährung des Schlittenhundes

Wie kommt nun das Wasser in den Hund? Eine dumme Frage? Durchaus nicht. Für den reinen Erhaltungsbedarf reicht den ganzen Tag zur Verfügung stehendes Wasser, hier weiß der Hund selbst, was er benötigt. Bei starker körperlicher Belastung ist das schon problematischer. Der Hund muss trinken, *bevor* er läuft. Mangels Kommunikation kann man ihm leider nicht sagen, wann er trinken soll. Ein **optimaler Zeitpunkt für die Hauptwassergabe** (1–1,5 l) ist ca. 2–3 Stunden vor Belastung. Die Flüssigkeit passiert dann den Verdauungstrakt vor dem Training und der Hund kann seine Blase noch entleeren. Eine kleine Gabe Wasser (ca. 100 ml) etwa 15 Minuten vor dem Start hilft überdies, den Flüssigkeitshaushalt zu optimieren. Ebenso sollte der Hund möglichst bald nach dem Laufen die Möglichkeit haben, seine Wasserspeicher wieder zu füllen, am besten in mehreren Gaben.

Bei längeren Läufen ist es sinnvoll und notwendig, den Hunden auch **unterwegs Wasser** zu geben. Um in einem Schlittenhundegespann diesen Bedürfnissen gerecht zu werden, sollte **das Wässern trainiert werden.** Die notwendigen Mengen würde ein Hund von sich aus nicht aufnehmen. Hier helfen Fleisch und andere Leckereien im Wasser. Gezieltes Wässern (mind. dreimal täglich) und die Kontrolle, ob der Hund auch wirklich getrunken hat, sind notwendig, damit der Vierbeiner keinen Schaden beim Sport erleidet. Die Folge eines zu geringen Flüssigkeitshaushalts sind Dehydrierung (s. S. 131) und im Extremfall kann es sogar zu einem Kreislaufkollaps kommen.

Leider sind nicht alle Hunde gute Trinker und manch ein guter Hund sollte bei größeren Touren zu Hause bleiben, weil er partout nicht einsehen will, dass man vor dem Laufen trinken sollte. Ich persönlich verwende für die morgendliche Wässerung die Futterreste des Vortages, sodass der Hund eine mehr oder weniger dicke Suppe bekommt, die er mehr frisst als trinkt.

Es gibt mehrere **Strategien für das Wässern.** So tritt ungefähr 2–4 Stunden nach Belastung das größte Durstgefühl auf und dann ist ein guter Zeitpunkt zum Wässern. Eine andere Methode ist, zuerst zu wässern und erst danach das Futter zu verabreichen. Da der Hund lieber frisst, stellt sich meist schnell ein gewisser Erfolg ein. Zudem hat man immer noch die Möglichkeit, im Falle des Nichttrinkens das Futter in das Wasser zu geben.

Die Ernährung des Schlittenhundes

*Achtung ist bei der Zugabe sogenannter **elektrolytischer oder isotonischer Zusätze** geboten, die die Mineraliendefizite ausgleichen und dem Hund helfen sollen, sich schneller zu regenerieren. Zum einen verliert der Hund durch das fehlende Schwitzen keine Mineralien, zum anderen führt eine falsche Dosierung oder Zusammensetzung solcher Zusätze zu Krämpfen, Durchfall u. Ä.*

Strategie des Fütterns

Das beste Futter ist nichts wert, wenn es der Hund nicht frisst. Es scheint, als ob diese negative Eigenschaft bei manchen Schlittenhunden Veranlagung sei. Sie lässt sich jedoch wegtrainieren. Eine Möglichkeit ist, das Wasser aromatischer zu machen. **Geschmacksverstärker** sind Fette, Leber, Fisch, Biber etc. Auch angewärmtes Futter riecht gut und macht Appetit.

Die Ernährung des Schlittenhundes

Voller Magen arbeitet nicht gut, das zählt auch beim Schlittenhund. Nach der Fütterung sollten mindestens sechs Stunden Pause eingehalten werden. Optimal ist es, ca. zwei Stunden nach der letzten Belastung zu füttern. Eine einmalige Fütterung pro Tag reicht unter normaler Belastung aus. **Bei lang andauernder Belastung** ist es aber sinnvoll, das Futter in Snacks aufzuteilen, sodass der Hund sein Futter in regelmäßigen Abständen (etwa alle 2 Stunden) bekommt.

Es ist wichtig, möglichst bald nach einem Lauf zu wässern, ebenso wie die Verabreichung von etwas Futter (Snacks) zur Auffüllung der Glykogenspeicher (z. B. Leberstückchen).

☐ Füttern ist das Highlight des Tages! Jeder will der Erste sein und dementsprechend ist das Gebaren der sonst so ruhigen Huskys. Ein wohl durchdachtes Management, ein eigener Fressnapf für jeden Hund und eine gute Kontrolle über die Hundemeute sind vonnöten, um Aggressionen, Futterdiebstahl und eventuell sogar Beißereien untereinander zu vermeiden.

Ausrüstung

◁ Unermüdlich ziehen die Huskys ihren Musher
auch durch tief verschneite Landschaften (138 Abb.: tg)

Schlitten

Der Schlitten ist das Gefährt, mit dem sich der Schlittenhundebesitzer als Erstes identifiziert. Prinzipiell unterscheidet man **drei von der Bauform her verschiedene Typen.**

Klassischer Schlitten

Dieser (auch Basket-, Stanchion- oder Alaskaschlitten genannte) Schlittentyp ist sicherlich den meisten Schlittenhundefreunden bekannt. Dabei befindet sich die Ladefläche auf Stützen (daher der Name „Stanchion", engl. für „Stütze"), ca. zwei Handbreit über den Kufen. Bei diesem Schlitten werden die Einzelteile klassischerweise gebunden. Dies führt zu einer überaus **hohen Beweglichkeit** (und damit Manövrierfähigkeit) des Schlittens. Der Schlitten besteht aus den in nebenstehender Zeichnung aufgeführten Teilen.

Die **Vorteile** dieses Schlittentyps liegen in seiner hohen Beweglichkeit, der unkomplizierten Bauweise und in der Tatsache begründet, dass er leicht zu reparieren ist. Dieser Typ wurde schon von alters her von den Eskimos und Indianern der Arktis benutzt, eben weil dort der **Nachteil** dieses Schlittens kaum zum Tragen kommt: Bei tiefem und womöglich nassem Schnee sinkt er zu weit ein und sitzt regelrecht fest. Abhilfe schafft man, wie bei den Schlitten der Korjaken, durch sehr breite Kufen.

Toboggan

Dieser Schlittentyp wurde ursprünglich von den Indianern benutzt, die es öfters mit tiefem Schnee zu tun hatten, damals **in Form eines Birkenrindenkanus** (auch in Norddeutschland wurde im Watt ein ähnlicher Schlitten verwendet, der so genannte Susch). Es ist leicht zu verstehen, dass dieser Schlitten zwar im Tiefschnee wie das Boot im Wasser gut zu fahren war, aber bei fester Schneedecke unkontrolliert umherrutschte.

Einige Zeit in Vergessenheit geraten, fand er durch eine modifizierte Bauweise wieder Beachtung. Durch die aufkommenden Langstreckenrennen mit ihren oftmals schlechten Trailverhältnissen besann man sich wieder der Vorteile dieses Schlittens. Man

⌃ Diverse Schlitten, v. l. n. r.:
Kamtschatka-Schlitten, Toboggan, Danler-Rennschlitten, Alaska-Kinderschlitten

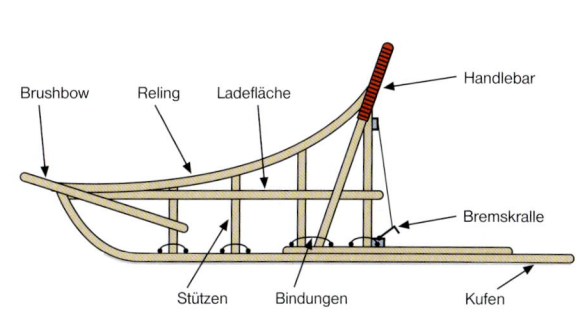

Aufbau eines klassischen Schlittens

montierte Kufen darunter – und fertig war der perfekte Allround-, Touren- und Langstreckenschlitten! Seine **Vorteile** sind unbestritten die Manövrierfähigkeit bei schwerer Last (niedriger Schwerpunkt) und im tiefen oder brüchigen Schnee. Durch die Kufen lässt er sich auch auf festen Trails gut fahren, hat aber **als Nachteil** durch die Ladefläche mehr Gleitwiderstand und ist einfach steifer, was sich bei großen und schnellen Teams negativ bemerkbar macht.

Pulka

Eine abgewandelte Form des Toboggans ist die Pulka. Diese hat die **Form einer mehr oder weniger ausgeprägten Wanne,** kann aber dem Toboggan durchaus sehr ähnlich sein. Pulkas für Renneinsätze sind als solches oft nicht mehr erkenntlich. Sie können auch Bremsvorrichtungen besitzen, was insbesondere für Toureneinsätze (Abfahrten!) sinnvoll ist. Wie auch immer, sie werden anstatt einer Zugleine mittels eines Gestänges mit dem oder den Hunden verbunden.

Kufen

Kufen sind die „Räder" des Schlittens. Je nach Einsatzzweck benötigt man verschieden breite, mit unterschiedlichsten Belägen ausgestattete Kufen. Bei manchen Schlitten gibt es sogar Belag- oder Kufenwechselsysteme. Die **Breite** der Kufen beträgt meist 3–4 cm, ähnlich der von Langlaufskiern, bei tiefem Schnee bis zu 10 cm.

Die **Beläge** bestehen heutzutage aus verschiedenen Kunststoffen. So benutzt man wachsfähige, **„gesinterte"** Beläge für Rennen, **„gezogene"** Beläge aus Polyethylen verschiedener Dichte hingegen für Touren und Langstrecken.

Gesintert und gezogen

„Sintern"bezeichnet die Verfestigung kristalliner, körniger oder pulvriger Stoffe durch das Zusammenwachsen der Kristallite bei Erwärmung. Da nicht alle Komponenten aufgeschmolzen werden, entstehen Lücken für das Wachs. „Gezogen" meint hingegen einen Produktionsprozess, bei dem die Komponenten vollständig aufgeschmolzen und durch einen Zieh- und Walzvorgang in Form gebracht werden. Dabei bleibt für das Wachs kaum eine Möglichkeit, in das Material einzudringen.

Für diese Beläge gibt es ein **Belagwechselsystem,** bei dem der Belag wie bei einem Treppengeländer einfach auf ein Profil, meist in Schwalbenschwanzform, aufgeschoben wird. Diese Beläge sind nicht zu wachsen. Erfindungsreiche Musher haben auf diese Beläge deshalb gesinterte Beläge aufgeklebt. Ersatzbeläge kann man bei dieser Methode einfach im Schlitten mitführen, das Wechseln gestaltet sich bei tiefen Temperaturen aber nicht immer einfach.

Eine weitere Belagsvariante für raues Terrain oder für Dauereinsätze ist Polycarbonat, auch unter dem Namen **„Makralon"** bekannt. Makralon gleitet zwar nicht sehr gut, ist aber durch seine glasartige Struktur sehr abriebsfest. So kann man, ohne Schmerzen im Bauch zu verspüren, auch mal längere Strecken auf Schotter zurücklegen.

Eine geniale Erfindung sind **Kufenwechselsysteme.** Dabei kann man mit wenigen Handgriffen die komplette Kufe wechseln. Der Nachteil liegt dabei im hohen Preis der Reservekufen.

Bremsen

Für die Schlitten gibt es verschiedene Bremssysteme. Zum Beispiel die Schlittenhunde. Die Eskimos fuhren (und fahren teilweise immer noch) ohne eingebaute Bremse. Sie benutzen meist das **Fächergespann** (s. Seite 83), das mit einer langen Peitsche gesteuert wird. Zum Bremsen knallt man mittig über den Hundefächer. Dieser teilt sich nach links und nach rechts, sodass der Schlitten dazwischen durchrauschen kann. Die Hunde werden hinterhergeschleift und bremsen dadurch den Schlitten! Ich denke, es gibt bessere (und tierfreundlichere)

⌃ Die Mittelbremse

⌃ Die Bügelbremse

Methoden. So hat man an den Basketschlitten einfach ein Brett unter die Ladefläche geschraubt, das mit einer metallenen Kralle versehen war. Jetzt hatte man eine sehr brauchbare Bremse. Dieses System nennt man auch **Mittelbremse.** Das Mittelbremssystem ist heute fast vollständig ersetzt durch mehr oder weniger brauchbare **Krallen- oder Bügelbremssystemen.** Diese bestehen aus einem Metallbügel, an dem zwei oder mehrere „Krallen", also Metallstifte, befestigt sind. Bremskrallen können zur besseren Wirksamkeit auch Hartmetallspitzen tragen, was insbesondere bei eisigen Verhältnissen die Bremswirkung erheblich verstärkt.

▲ Käufliche Bremsmatte von Danler

▲ Bremsmatte Marke Eigenbau

Bremsmatten

Bremsen sollte man wirklich nur zum Anhalten des Teams gebrauchen. Zur **Geschwindigkeitskontrolle** sind die Bremsen denkbar ungeeignet, denn sie wühlen beim Einsatz den Trail auf und zerstören ihn damit. (Und es wollen ja auch noch andere Musher den Trail genießen!) Zudem kann man mit ihnen keinen konstanten Zug an der Zugleine aufbauen, sondern ruckt, lässt locker, ruckt usw. Und das geht auch dem kräftigsten Husky ins Kreuz!

Eine Bremsmatte ist hier die Lösung. Man kann so eine Matte **selber basteln,** aus einem alten Förderband oder einem alten Antriebsband für Motorschlitten. Zur besseren Wirksamkeit kann man die Matten zusätzlich mit Schrauben versehen. Mittlerweile gibt es auch speziell angefertigte Bremsmatten mit Spikes: sehr wirksam, aber auch teuer.

Befestigen kann man die Matten am Schlitten mittels **Ketten.** Die Bremsmatte neigt dabei aber dazu, unter eine Kufe zu rutschen. Bessere Führung erlauben Bremsmatten, die an Kunststoffschienen befestigt sind.

Als schnell und effizient hat sich ein **Klappmechanismus** mit Gummibändern erwiesen. Dabei braucht man die Matte nur nach unten zu klappen und sie bleibt dort (meistens) einsatzbereit liegen. Benötigt man sie nicht, so kann sie mit einem eleganten Kick wieder in die Ruheposition versetzt werden. Allerdings klappen diese Matten auch gelegentlich selbständig nach oben, meist bei Abfahrten.

Schneeanker

Hat man sein Team mit Kommandos und Bremsen erfolgreich gestoppt, kann man den Schlitten deswegen noch lange nicht verlassen – es sei denn, unsere Hunde sind so gut erzogen, dass sie wirklich stehen bleiben. Oder sie sind so müde, dass sie froh sind, stehen bleiben zu dürfen. Davon kann man jedoch nicht ausgehen. Meistens wollen die Hunde nach kurzer Ruhezeit wieder los und testen, ob es vielleicht nicht doch vorwärts geht. Jetzt könnte man den Schlitten umlegen. Bei tiefem Schnee und schwerem Schlitten mag das auch funktionieren. Schlitten um einen Baum legen funktioniert auch (geschieht aber meist unfreiwillig).

Besser ist aber ein guter Schneeanker! Der Schneeanker ist aus Metall und mit einem, zwei oder mehreren Haken versehen. Leider sind viele der angebotenen Schneeanker einfach unbrauchbar. Es ist sicherlich leicht einzusehen, dass auch gute Schneeanker bei schlechten Schneeverhältnissen nicht hundertprozentig verlässlich sind.

029mu Abb. tg

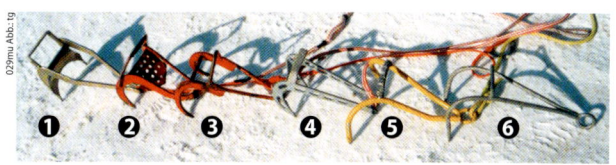

☝ Verschiedene Schneeanker. 1: Perfekt durchdacht, hält durch hinterschliffene Spitzen auch im Eis. 2: Auch empfehlenswert, hält durch das Blatt in der Mitte auch im nicht komprimierten Schnee. 3: Rolloveranker, rollt sich immer selbstständig auf die Spitzen. 4: Leichtmetallanker, hält kleinere Teams meist recht problemlos. 5: Typischer Rennanker, weit aufgebogene Spitzen bieten Halt nur auf festen Trails. 6: „Hältnix". Zu weit aufgebogene Krallen, weiches Material.

Sicherungsleinen

Ein Schlittenhundeteam kann man nur sicher verankern, **indem man es festbindet,** vor allem beim Start eines Teams. Dazu eignet sich ein gutes Seil und ein stabiler Baum. Das Seil befestigt man mit

einem (sinnvollerweise) wieder lösbaren Knoten, einem so genannten **Schleifknoten** (Bild), der sich bei Belastung auch wieder öffnen lässt. Sicherer als dieser Knoten ist ein **Panikkarabiner,** wie er in der Segelschifferei oder im Pferdesport üblich ist. Dieser Karabiner lässt sich wie der Schleifknoten unter Last wieder öffnen. Karabiner gibt es in verschiedenen Größen und Ausführungen. Diejenigen, die im Pferdesport verwendet werden, sind eher ungeeignet. Sie neigen dazu zu brechen und lassen sich bei hoher Belastung nicht öffnen. Besser sind Edelstahlpanikkarabiner aus der Schifffahrt. Wichtig ist es, **die Sicherungsleine am Schlitten mitzuführen,** da man auch unterwegs eventuell sein Team fest verankern will oder muss.

Achtung! Ein herkömmlicher Kletterkarabiner lässt sich unter dem Zug eines Hundeteams nicht mehr öffnen! Manche Musher, binden sich mit einer Leine am Handgelenk oder an einem Hüftgürtel am Schlitten fest. Das ist lebensgefährlich!

Bremsketten

Der letzte Ausrüstungsbestandteil am Schlitten sind Bremsketten. Bei **steilen Abfahrten** und **harten Schneeverhältnissen** ist mit Matte und Bremskralle allein nämlich keine Kontrolle mehr über den Schlitten aufrechtzuerhalten. Hier hilft ein Stück Kette, das einfach um die Kufen geschlungen wird. Der Schlitten läuft dann auf der Kette und lässt sich dadurch hervorragend kontrollieren. Findige Köpfe wie Lutz Binzer haben dieses System schon so perfektioniert, dass man zum Auflegen der Kette nicht einmal mehr absteigen muss.

⌃ V.r.: Dreirad (klein: 3–4 Hunde), Dog-Cart (max. 2 Hunde), leichter Vierradwagen (max. 6 Hunde), schwerer Vierradwagen (bis 10 Hunde), Roller oder Scooter (1–2 Hunde)

Gefährte mit Rädern

Winter ist nicht das ganze Jahr über – und die Hunde müssen trotzdem trainiert werden. In vielen Teilen Deutschlands wird sogar hauptsächlich mit dem Rollwagen trainiert. Es gibt eine ganze Reihe von Möglichkeiten, die **Schlittenhunde im Sommer zu trainieren.** Fangen wir mit dem Naheliegendsten an:

Das Fahrrad

Ein Fahrrad hat fast jeder – und damit schon eine Basis zum Hundeschlittenfahren, aber auch die gefährlichste. **Stürze vom Fahrrad** hinter einem ziehenden Hund können sehr unangenehm sein.

Es gibt zwei Möglichkeiten, den Hund am Fahrrad zu befestigen: zum einen am Fahrrad selbst und zum anderen mit einem Hüftgurt am Körper. Die **Anbindung am Fahrrad** erscheint zunächst logisch, erschwert aber das Auf- und Absteigen bei einem ziehenden Hund und das Fahrrad ist bei einem Sturz samt Hund über alle Berge. Eine **Anbindung am Körper** über einen Hüftgürtel ermöglicht eine weitaus bessere Kontrolle über den Hund. Die so genannte Springeranbindung, eine federnde Halterung an der Fahrradseite, ist für Zughunde nicht geeignet.

Der Roller

Eine weitaus sicherere Methode bietet sich mit dem Roller, auch Scooter oder Sidewalker genannt. Auf ihm hat man einen **tieferen Schwerpunkt** und vor allem **keine störenden Stangen,** die das Abspringen erschweren. Zudem hat der Scooter noch einen weiteren Vorteil: Man kann hervorragend die typische Musherbewegung, das **Pedalen,** üben (s. Seite 98).

Leichtes Dreirad

Ab zwei Hunden wird es für zweirädrige Gefährte kritisch. Hat man die Hunde nicht hundertprozentig im Griff, ergibt sich beim Bremsen ein echtes Problem. Sicherer und mit höherem Spaßfak-

◁ Dreirad Kim

tor verbunden ist ein **dreirädriges Gefährt.** Diese gibt es mittlerweile auch in recht stabilen Ausführungen, wie z. B. das Dreirad Kim von Libre. Sie haben ein Gewicht von etwa 25 kg, sind zusammenklappbar und ideal, um 1 bis 3 Hunde zu trainieren. In die gleiche Kategorie fällt der 4-rädrige **Sacco-Cart.** Bei diesem können die Hunde auch an einer Zugstange befestigt werden.

◁ Vierrädriger Sacco-Cart

Der Trainingswagen

Trainingswagen gibt es in einer Drei- und einer Vierrad-Ausführung und in unterschiedlichen Gewichts- und Preisklassen. Welchen Wagen man wählt, hängt von den eigenen Bedürfnissen ab. Die Entscheidungskriterien sind folgende:

- **Drei- oder Vierrad:** Ein Dreirad ist leicht und meist auch relativ preiswert. Es ist ein ideales Anfängerwägelchen für max. vier Hunde. Dieses Gefährt ist natürlich grundsätzlich kippfreudiger als ein vierrädriges Gefährt. Alle Dreiräder, die eine Vordergabel ähnlich eines Fahrrads haben, neigen zum unverhofften Einschlagen und damit zum Überschlagen und zum Sturz. Wichtig ist daher eine eingebaute Beschränkung des Einschlagwinkels, wie es z. B. die Wagen aus der Werkstatt von Fritz Dyck haben.

Vierräder sind grundsätzlich stabiler, schwerer und teurer. Wer vorhat, länger und auch mal mit mehr als vier Hunden zu fahren, ist daher gut beraten, sich gleich ein Vierrad zuzulegen.

- **Gewicht:** Das Gewicht spielt eine große Rolle. Zu leichte Wagen lassen sich einfach nicht bremsen. Vier blockierte Räder bei zu geringem Gewicht erschrecken keinen Husky sonderlich und so wird der Wagen samt seinem schreienden Musher hinterhergezogen. Gerade als Anfänger neigt man dazu, seinen Hunden vermeintlich etwas

Gewicht ist nicht gleich Gewicht!

Ein in der Ebene rollender Wagen mit einem Gewicht von 100 kg fordert von den Hunden lediglich 5–10 kg Zugkraft, um ihn fortzubewegen. Das „hohe" Gewicht macht sich erst bergauf oder auf tiefem Boden bemerkbar.

Gutes tun zu wollen und diese Tiere so wenig wie möglich zu belasten. Doch am wenigsten schade ich meinen Hunden, wenn ich sie unter Kontrolle habe – und dies gelingt nur bei einem entsprechend schweren Trainingswagen. Also lieber zu schwer als zu leicht. Für ein Sechshundegespann beispielsweise sollte der Wagen mindestens 60 kg auf die Waage bringen.

- **Räder:** Das Gewicht muss natürlich auch auf den Boden gebracht werden. Breite, grobstollige Räder bringen wesentlich mehr Grip als schmale Räder mit wenig Profil. Räder mit großem Durchmesser laufen leichter als Räder mit kleinem Durchmesser. Bei der Auswahl des Profils sollte man bedenken, dass es in der Haupttrainingszeit oft nass und rutschig ist. Bei Schnee kann man sich mit Ketten oder Spikes behelfen.

- **Bremsen:** Bremsen sind das A und O jedes Trainingsgefährts. Bei Wagen hat man die Auswahl zwischen Trommel- und Scheibenbremsen, Felgenbremsen haben hier nichts zu suchen.

037 mu Abb. tg

Trommelbremsen reichen für den normalen Einsatz. Bei langen Abfahrten oder großen Teams werden sie jedoch schnell heiß, verglasen (der Bremsbelag überzieht sich mit einer glasartigen Schicht, die wieder abgeschliffen werden

⌃ Scheibenbremse

muss) und verlieren ihre Bremskraft. Auf Schnee und bei längerem Einsatz in Matsch und Sand neigen die Bowdenzüge dazu zu blockieren. Die Bremsen öffnen sich dann nur schwer wieder selbstständig. **Scheibenbremsen** (Bild) ermöglichen sauberes und dosiertes Bremsen auch im steilen Gelände, auf Schnee und bei großen Teams. Allerdings sind sie teuer und die Bremsbeläge verschleißen schneller.

Das Autochassis

Eine kostengünstige und sehr funktionelle Form des Trainingswagens sind abgespeckte Autochassis. Durch ihr Gewicht von über 100 kg sind sie natürlich **nur für größere Teams geeignet.**

Der Quadrunner

Komfortabel aber auch teuer sind Quadrunner (kurz auch „Quad" genannt). Dies sind vierrädrige, geländegängige Motorräder. Auf Grund des Motors sind sie **für Teamgrößen aller Art geeignet** und ermöglichen eine perfekte Kontrolle. Der Motor verleitet natürlich auch dazu, die Teams zu schnell zu fahren.

Außerdem: Warum sollte man bei einem so naturverbundenen, leisen Sport einen Motor benutzen? Dieser ist zum einen laut und zum anderen umweltbelastend. Und: In vielen Gebieten Deutschlands gilt ein Hundegespann als nicht motorisiertes Fahrzeug und ist damit auf Waldwegen zugelassen. Nicht dagegen der Quad, selbst wenn der Motor aus bleibt.

Das Auto

Auch das Auto kann als Trainingsgerät benutzt werden. In Skandinavien wird das auch oft getan. Bei uns gibt es (wie mit dem Quad) oft behördliche **Wegenutzungsprobleme.** Außerdem ist es schwer, das Tempo zu dosieren und bei schwierigem Gelände sind die Grenzen des Machbaren schnell erreicht. Aber für die ersten Trainingseinheiten der Saison und für das Antrainieren der Jungen – warum nicht?

Zugleinen

Allgemein

Oft als Stiefkind behandelt, ist die Zugleine doch ein wichtiger Bestandteil des Schlittenhundegespanns. Die Zugleine ist das **Kraftübertragungsorgan** vom Hund auf den zu ziehenden Schlitten. Eine sorgfältig eingestellte Zugleine ermöglicht erst das optimale Arbeiten des Hundes.

Darüber hinaus hängt vom ordnungsgemäßen Zustand der Leine sowie von ihrer genauen und individuellen Anpassung an den Hund ganz entscheidend der **Schutz des Hundes** vor Verletzungen ab.

039mu Abb. 1g

Aufbau einer Zugleine

Eine Zugleine besteht aus einer **Zentralleine** (Verbindung Schlitten–Hunde), mehreren **Tugleinen** (Verbindung Zentralleine–Zuggeschirr) sowie **Neckleinen** (Verbindung Zentralleine–Halsband). Sinnigerweise setzt sich die Leine mindestens aus Zweiersektionen zusammen, sodass sie verkürzt/verlängert werden kann.

Verwendete Materialien

Für Traditionalisten ist die Materialfrage schnell beantwortet: **Leder** muss es sein! Sicher ist Leder das natürlichste Material, aber es unterliegt stark der Verrottung (vor allem bei unsachgemäßer Lagerung) und es schmeckt den Hunden sehr gut, sodass man die Leinen von ihnen fernhalten sollte! Prinzipiell können alle Arten von Seilen verwendet werden, sofern ihre Festigkeit reicht. Durchgesetzt haben sich folgende Materialien:

- **Hohlgeflochtene Kunststoffseile:** Diese bestehen aus Polyethylen (PE), Polypropylen (PP) oder Polyester. Insbesondere PE und PP sind wetterbeständig, nehmen kein Wasser auf und haben eine hohe Reißfestigkeit. Die Hohlflechtung erleichtert gegenüber den gedrehten Seilen das **Spleißen.** Zur Anwendung kommen acht-, zwölf- oder sechzehnfach geflochtene Leinen. Eine höhere Flechtung erhöht die Stabilität und Steifheit, verschlechtert aber die Spleißfähigkeit. Zentralleinen werden aus 8–12 mm starken Leinen gefertigt (Rennfahrer benutzen auch 6 mm), Neck- und Tugleinen aus 5–8 mm starken Seilen.

Spleißen

Das Spleißen ist eine Art Seilflechten, welche das Verbinden von Seilenden ohne Knoten ermöglicht.

■ **Kunststoffseile mit Edelstahlkern:** Dabei
werden in die oben genannten Seile Edelstahlseile in der Stärke von 2–4 mm ein-
gespleißt. Dies ist eine Sicherheitsmaß-
nahme, um Seilrissen, gleich aus welchen
Gründen, vorzubeugen und um die Gefahr des Durchbeißens zu verringern.
Gleichzeitig bleibt die Elastizität des
Kunststoffseils bei richtiger Herstellung
erhalten.

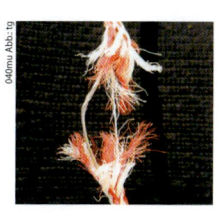

⌃ Sicherheit durch inneres Stahlseil

Es besteht ferner die Möglichkeit, Ringe einzuarbeiten, um
die Leine als Stake-out (s. S. 73) verwenden zu können.

■ **Stahlzugleinen:** Dabei kommen hauptsächlich mit PVC um-
mantelte Edelstahlseile der Stärken 3–6 mm zur Anwendung.
Diese sind nahezu unverwüstlich, sofern die Pressverbindungen
korrekt ausgeführt sind (vom Laien schwer oder gar nicht zu
erkennen).

Leider hat auch dieses System
seine Tücken. Die Leine ist starr
und kann wenig Energie absor-
bieren, d. h., Fahrfehler, scharfe
Kurven, Bodenwellen, Brem-
sungen etc. bewirken einen
Ruck, der direkt auf den Hund

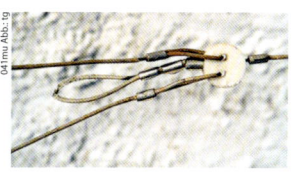

übertragen wird und sicherlich nicht zu seiner Motivation bei-
trägt. Diese Nachteile können teilweise durch eine extrem sau-
bere Fahrweise, Kunststoffpuffer in den Segmenten (mittlerweile Standard), Tugleinen aus Kunststoff und die Verwendung
eines Ruckdämpfers ausgeglichen werden.

Daneben darf man nicht vergessen, dass bedingt durch den
geringeren Durchmesser des Seiles das Handling erschwert
wird. Auch Verwicklungen können drastischere Folgen haben,
wenngleich sie bei steiferen Seilen seltener vorkommen.

Bei Verwendung von Stahlseilen in der Neckleine sollte zudem darauf geachtet werden, kleine Karabiner (70 mm) zu verwenden, da das Stahlseil bei einem Unfall nicht reißt!

Ebenso Standard ist das Mitführen von Seitenschneider o. Ä.,
um im Notfall die Leine kappen zu können.

Die verschiedenen Segmente einer Zugleine

- **Die Leadsektion:** Das Grundelement für die ersten ein oder zwei Hunde. Es besteht aus ein oder zwei Tugleinen von ca. 1,3–1,8 m Länge (sog. V-System). Alternativ dazu werden kürzere Tugleinen (0,5–0,75 m) benutzt und mit einem Zentralleinenstück von ebenfalls 0,5–0,75 m verlängert (Y-System). Diese Variante vermindert die Verwicklungsgefahr der Leithunde mit den Hinterläufen. Bei Doppelleithunden wird zusätzlich eine Neckleine zwischen die Halsbänder gespannt.
- **Die Teamsektion:** Sie verlängert das Leadstück beliebig nach hinten und besteht aus einem Zentralleinenstück von 2,4–2,6 m, zwei Tugleinen von 0,9–1,2 m und zwei Neckleinen von 0,25–0,35 m Länge.

Achtung!

Der Abstand zwischen Neck- und Tugleine muss der Geschirrlänge angepasst werden! Dies kann geschehen durch ein Verändern der Schlaufengröße des Zuggeschirrs oder der Tugleinenlänge. Die Länge der Tugleine sollte allerdings innerhalb der Zugleine konstant sein, um Hunde problemlos tauschen zu können. Von mir gemessene Geschirrlängen, gemessen vom Kreuzungspunkt am Genick bis zum Schlaufenende, betragen je nach Hersteller zwischen 60 und 84 cm. Dabei wird klar, dass ein Hund mit einem 60er-Geschirr in einer Zugleine für 80er nahezu stranguliert wird. Hier hilft nur eines: Einheitliche Geschirre verwenden oder mit der Schlaufenlänge anpassen. Vielleicht könnten sich auch einmal die Geschirrhersteller dazu aufraffen, ihre Geschirre zumindest in den gängigen Huskygrößen mit einer einheitlichen Länge herzustellen. (Manche Hersteller tun es ja bereits.)

Die angegebenen Zugleinenmaße beziehen sich auf eine Geschirrlänge von 84 cm und entsprechen den Maßen aus George Attlas „Everything I know about training and racing sleddogs", die im Großen und Ganzen heute noch verwendet werden. Die von mir hergestellten Zugleinen beziehen sich schon seit Jahren auf diese Maße sowie auf eine Geschirrlänge von etwa 75 cm.

Grundsätzlich sind Zugleinen für Lastengespanne wegen der besseren Kraftübertragung kürzer, für Renngespanne eher länger, um ein Maximum an Bewegungsfreiheit zu garantieren.

Interessant ist hierzu ein Artikel aus der Zeitschrift „Mushing", Nr. 44. Darin beschreibt die International Dog Veterinary Medical Association als Gründe für die häufig auftretenden Schulterverletzungen neben den körperlichen Proportionen auch den Einfluss der Tugleinenlänge. Man ist der Meinung, dass längere Tugleinen und elastische Neckleinen das Verletzungsrisiko verringern.

Außerdem sollten auch die Wheeldogs (jene Hunde, die direkt vorm Schlitten laufen) öfters die Positionen wechseln, da sie besonders gefährdet scheinen.

- **Die Wheelsektion:** Aus dem oben Gesagten ergibt sich eine spezielle Sektion für die Wheeldogs. Die Leinen sind hier um ca. 20 % verlängert. Die durch enge Kurven und Fahrfehler des Mushers schon genug gebeutelten Wheeldogs erhalten somit einen größeren Abstand zum Schlitten und

⌃ Verschiedene Neckleinen, v. l. n. r.: Standard, aus Draht, mit Drahtinlett, mit Gummiinlett

durch den flacheren Anstellwinkel der Tugleine eine geringere Druckbelastung der Hüfte. Dass durch längere Zugleinen die Kurvenfahrt erschwert wird, ist ein hartnäckiges, aber unhaltbares Argument.

Baukastensystem oder aus einem Guss?

Eine Zugleine aus einem Guss stellt natürlich die leichteste Variante dar. Aber Gewicht ist nicht alles. Die **Auswechselbarkeit aller Teile ohne Werkzeug** bietet erhebliche Vorteile. Beschädigte Teile können jederzeit problemlos gewechselt werden und damit erhöht sich die Gesamtlebensdauer der Zugleine. Wenn man mit einfachen Mitteln Teile austauschen kann, so macht man das auch. Wenn nicht, entstehen oft recht kunstvolle Knotengebilde aus Reparaturen an der Zugleine. Und Zugleinen neigen dazu, während des Starts oder unterwegs zu reißen, nur selten zu Hause! Gerissene Zugleinen gefährden zudem vor allem bei großen Teams die Sicherheit der Hunde durch provozierten Seilriss oder fördern Verletzungen durch ungleichmäßiges Verkürzen einzelner Leinenteile. Natürlich macht ein Baukastensystem nur dann Sinn, wenn man die erforderlichen Ersatzteile auch dabei hat.

Der Ruckdämpfer

Der Ruckdämpfer ist ein etwa 0,5 m langes Zentralleinenstück, das durch ein Gummistück gerafft wird. Dieses Gummi **vermindert den auftretenden Ruck** beim Anfahren, bei engen Kurven und Bodenwellen ebenso wie bei Fahrfehlern oder beim Bremsen. Insbesondere bei der Benutzung von Stahlseilzugleinen

043mu Abb.:1g

sollte ein Ruckdämpfer Standard sein. In Verbindung mit der verlängerten Wheelsektion bietet er ein Optimum für die schonende Behandlung des Hundes. Eine Alternative hierzu sind bereits eingebaute Gummis bei der Schlittenbefestigung (bei einigen Schlittenbauern Standard).

Nichts ist jedoch ohne **Nachteil,** so auch hier: Hunde, die z. B. mit der Hinterhand verwickelt sind, haben es schwerer, sich selbst zu befreien, da die Leine durch das Gummi länger straff gehalten und das Drübersteigen somit erschwert wird.

Toggels und Schlaufen

Außer mit den üblichen Bronzekarabinern kann man die Hunde auch völlig ohne Metallteile an der Zugleine befestigen. Besonders bei großer Kälte hat diese Methode einige Vorteile.

■ **Toggels:** Scheiben aus Holz oder Horn, die leicht selbst herzustellen und billig sind. Sie können sich allerdings lösen, wenn kein Zug mehr auf der Leine ist.

⬆ Toggles: keine gefrorenen Karabiner und keine kalten Finger

■ **Schlaufen:** Die Möglichkeit einer Neckleine ohne Karabiner. Die Neckleine wird in einer großen Schlaufe gefertigt, zuerst durch den Halsbandring, dann über den Kopf gelegt. Problem: verzögertes Lösen in Notfällen.

Spleißen einer Zugleine

Warum spleißen und nicht knoten?

Unabhängig von der schöneren Form der gespleißten Verbindungen erhalten diese nahezu die ursprüngliche Festigkeit des Seils. Knoten dagegen vermindern die Reißfestigkeit des Seils je nach Knüpfart um 40–60 %! Das ist zu viel, um damit noch sicher unterwegs sein zu können. Spleißen ist kein Hexenwerk und sollte eigentlich zu den **Grundkenntnissen eines jeden Mushers** gehören. Der Aufwand für das Werkzeug ist gering (ca. 20–40 €), die Kosten für die Meterware Seil liegen bei 0,50 bis 2 € pro Meter.

Benötigtes Material

Für ein Teamsegment benötigt man folgendes Material:

■ 3 m Zentralleine mit 10 mm Durchmesser
■ 6 m Neck- und Tugleine mit 6 mm Durchmesser
■ ein Set **Spleißahlen** (bevorzugt aus Metall)
■ Schere, Meterstab, Feuerzeug

Spleißahlen
Zugespitzte Röhrchen, um die Seilenden leichter durch ein Seil zu schieben.

Schneiden der Seile

Nach dem Kürzen auf die gewünschte Länge, dem „Ablängen", sollte man unbedingt die Enden mit einem Feuerzeug verschmelzen, da sonst die Gefahr besteht, dass sich das Ende aufwirlt (Achtung auf die Finger!). Besser sind natürlich spezielle Schmelzschneider, die aber sehr teuer sind (über 50 €).

Spleißtechnik

Ich beschreibe hier **zwei mögliche Techniken,** um Schlaufen zu spleißen (natürlich gibt es mehr), die einfach und sicher gegen selbstständiges Lösen sind.

1. Schritt: Dieser ist bei beiden Methoden gleich. Man steckt ein Seilende in die passende Spleißahle und führt diese an der vorher ermittelten Stelle durch das Seil. Anschließend muss die gewünschte Schlaufenlänge eingestellt werden. (Bilder 1, 2)

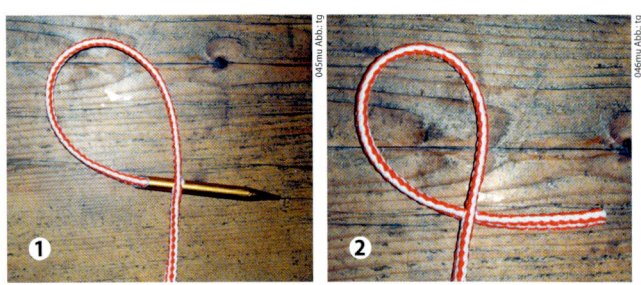

2. Schritt: Jetzt muss das herausragende Ende am Zurückrutschen gehindert werden.

■ Wenn **beide Seilenden verfügbar** sind (sicherster Spleißknoten): Zweites Seilende durch Seilfortsatz stecken. (Bilder 3, 4, 5)

■ Wenn **nur ein Seilende verfügbar** ist, weil am anderen z. B. ein Schlitten hängt o. Ä. (Spleißknoten kann sich lösen, wenn der Rest nicht verarbeitet wird): Mit erstem Seilende oberhalb der Einstichstelle durch beide Leinen zurückfahren. (Bilder 6, 7)

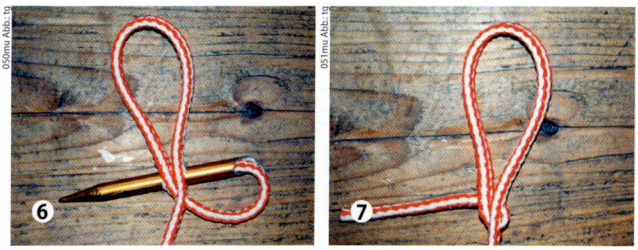

3. Schritt: Seilenden verarbeiten. Dazu wird der Rest in das Innere des hohl geflochtenen Seiles gesteckt. (Bild 8)

4. Schritt:

- **Wechselsystem:** Nachdem sämtliche Zentral-, Tug- und Neck-leinen gefertigt sind, fügt man sie mit einfachen Schlaufknoten zusammen. (Bild 9)

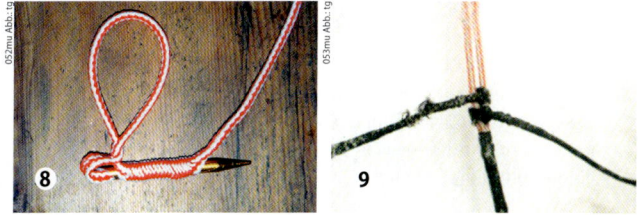

- **Traditionelles System:** Natürlich kann man Tug- und Neckleinen auch direkt einspleißen. Man benötigt dann nur je eine, dafür aber doppelt so lange Leine. (Bilder unten, von links nach rechts.)

Wichtige Ausrüstungsgegenstände

056mu Abb. tg

Halsbänder

⌃ Verschiedene Halsbänder, v. l. n. r.:
Halsband mit Kunststoffschieber –
umständlich zu handhaben; Stoppzug-
halsband – für Mushing ungeeignet;
optimales Halsband

Geeignete Halsbänder für den Schlittenhundesport unterscheiden sich etwas von den üblichen. So genannte Stopphalsbänder sind beispielsweise ungeeignet, weil sie den Hund entweder strangulieren oder aber dieser herausrutschen kann. Man verwendet sinnvollerweise **verstellbare Halsbänder,** die sich genau auf den Halsumfang einstellen lassen. Richtig eingestellt darf der Hund nicht aus dem Halsband rutschen, aber es muss so viel Platz sein, dass man mit der Hand noch drunter fassen kann. Als **Material** kommt gewebtes Band oder Schlauchband von etwa 25 bis 30 mm Breite in Frage. Das Bandmaterial sollte relativ steif sein, damit sich die Ränder nicht aufrollen. Komfortabel ist auch gepolstertes Material. Große Ringe, die man auch mit Handschuhen bedienen kann, sind besser als die üblichen kleinen. Halsbänder aus Gliederketten und Ähnlichem sind ungeeignet.

Zuggeschirre

Das Zuggeschirr ist ein sehr wichtiger Bestandteil, da es die **unmittelbare Kontaktstelle mit dem Hund** darstellt. Passform, Polsterung und Verarbeitung sind wichtige Kriterien, damit sich der Hund bei der Zugarbeit wohl fühlt. Leichte und wenig Feuchtigkeit aufnehmende Geschirre aus 25 mm starkem Nylonbandmaterial haben sich bewährt. Grundsätzlich unterscheidet man zwischen X-Back- und H-Back-(Siwash-)Geschirren. Das gebräuchlichste Geschirr ist das **X-Back-Geschirr.** Es ist kreuzförmig über dem Rücken gefertigt (daher „X"), um die Zugkräfte gleichmäßig zu verteilen und das Geschirr am Verrutschen zu hindern. Modifizierte Formen sollen den Schultern mehr Bewegungsfreiheit geben.

Wichtige Ausrüstungsgegenstände

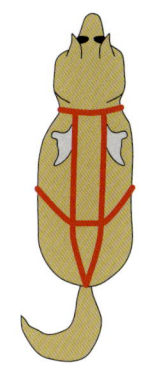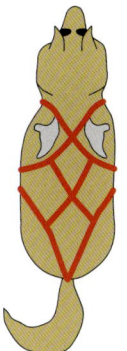

◁ Links:
H-Back-Geschirr,
Mitte:
X-Back-Geschirr
Rechts:
modifiziertes
X-Back-Geschirr

Beim **H-Back-Geschirr** laufen die Gurtbänder parallel und sind mit einem Querband nahe des Rückens versehen. Man sieht sie öfters bei Langstreckenrennen, da der Rücken dabei nicht so belastet werden soll. Ein Hund kann aus diesem Geschirr allerdings relativ leicht herausrutschen. Eine Variante dieses Geschirrs ist das **Lastenzug-geschirr.** Dabei werden die Bänder hinter die Hüften des Hundes geführt und dort mit einem „Spreader Bar" genannten Holz- oder Kunststoffstab auseinander gehalten. Dies vermindert die Belastung der Hüften beim Ziehen von schweren Lasten (mehr als 50 kg pro Hund).

△ Oberes Bild: Geschirr zu klein, unteres Bild: Geschirr zu groß

Geschirre **müssen sehr genau passen.** Sie müssen eng anliegen, aber den Hüften und Schultern maximale Bewegungsfreiheit ermöglichen. An der Kehle dürfen sie ebenfalls nicht drücken. Ein Geschirr sitzt richtig, wenn unter Zug die hinteren Bänder entlang des hinteren Rippenbogens verlaufen und der Befestigungspunkt für die Schlaufe am Rutenansatz liegt (s. Bild Seite 72).

Wichtige Ausrüstungsgegenstände

▷ Optimal sit-
zendes Geschirr

Die Geschirre sind zumindest im Brustbereich, manchmal auch komplett, **gepolstert.** Das häufig zu sehende Plüschfutter ist zwar im Laden hübsch anzusehen, für den harten Einsatz aber denkbar ungeeignet, da es sehr viel Feuchtigkeit und Schmutz aufnimmt. Besser sind hier mit Neopren gepolsterte Geschirre, am besten mit Nylon kaschiert.

▽ Hunde am Stake-out bei einer kurzen Fresspause

Wichtige Ausrüstungsgegenstände

Stake-out

Der Stake-out dient zum **vorübergehenden Befestigen** der Hunde auf Reisen/auf der Tour. Er besteht meist aus Kettenmaterial von mindestens 3 mm oder aus Stahldraht von mindestens 4 mm Stärke. Daran sind mit Wirbeln mehrere Abgänge mit einer Länge von 50 bis 100 cm angebracht, an denen die Hunde befestigt werden, und zwar so, dass sie sich nicht verwickeln können. An den Enden sitzt je ein Ring, um die Kette zu befestigen. Ein Spannschloss leistet gute Dienste zum Spannen der Kette.

Wer seinen Stake-out am **Fahrzeug** haben will, muss dort Befestigungen für die Kette oder den Draht anbringen. Günstig sind ausziehbare Stangen, die bei Fahrbetrieb versenkt sind und im Stake-out-Betrieb die Kette in ca. 1 m Abstand fernhalten.

Booties

Booties benötigt man zum **prophylaktischen Schutz der Pfoten,** vor allem bei hartem, gefrorenem Schnee, Temperaturen unter −20 °C, Schotter, Hunden mit empfindlichen Pfoten, Verletzungen usw. Man kommt um diese Hundeschuhe nicht herum, denn auch ein Hund mit den zähesten Pfoten benötigt Booties irgendwann zum Schutz selbiger. Früher war Leder üblich, heute benutzt man **Nylon- oder Fleecestoff.** Es gibt auch mit Kevlar verstärktes Material, was für eine höhere Lebensdauer sorgen soll. Booties aus dem Schlittenhundezubehörhandel sind meist mit einem komfortablen Klettverschluss ausgestattet.

Booties kann man jedoch auch leicht selbst nähen und dann

⌃ Bootie aus Cordura

mit einem Klebeband um das Hundebein herum fixieren.

Übrigens: Hundeschuhe, wie sie im Zoofachgeschäft oder beim Tierarzt zu finden sind, eignen sich meist nicht für den Sport.

Erste-Hilfe-Ausrüstung

Der Weg zum nächsten Arzt ist unter Umständen weit und somit gehört eine gut ausgestattete Erste-Hilfe-Tasche und das Wissen um Ihre Anwendung zur Pflichtausrüstung eines jeden Mushers. Die Ausrüstung verstaut man am besten zusammen mit der Hundeapotheke in einer wasserdichten Box.

Hundetransport

Zum Transport von Hunden benötigt man je nach Anzahl der Hunde ein geeignetes Fahrzeug mit entsprechenden Unterbringungsmöglichkeiten. Einen **PKW, Kombi oder Kleinbus** kann man entsprechend z. B. mit Flugboxen aus Kunststoff ausstatten. Diese gibt es in verschiedenen Größen und sie sind auch leicht wieder zu entfernen, sodass das Fahrzeug auch für den normalen Betrieb zu benutzen ist. Es gibt aber auch richtige Einsätze für Kombis und Busse.

Wer viele Hunde besitzt, benötigt schon einen **Transporter oder LKW mit entsprechenden Aus- oder Aufbauten.** Auch entsprechende **Anhänger** bieten gute Möglichkeiten, mehrere Hunde unterzubringen und gleichzeitig das Fahrzeug für den Alltag sauber zu halten. Profis besitzen jedoch oft große Fahrzeuge mit eingebauten Boxen und Wohnraum.

Diese **Boxen** müssen gut **be- und entlüftbar** (Kondenswasser!) und leicht zu reinigen sein. Am oberen Lüftungsschlitz sollte keine Kante sein, da sonst die warme, feuchtigkeitsbeladene Luft nicht entweichen kann (Rücksog!). Die Boxengröße richtet sich nach der Größe des Hundes und beträgt für die Breite etwa die dreifache Schulterbreite, für die Höhe mindestens die Widerristhöhe (damit ist die Schulter- und nicht die Kopfhöhe gemeint) und für die Tiefe mindestens die Rückenlänge des Hundes. Die Boxen sollten aber auch nicht viel größer sein, zum einen wegen der Sicherheit beim Fahren und zum anderen deshalb, weil sie der Hund ab einer bestimmten Größe nicht mehr erwärmen kann. Geeignetes Material ist Holz oder mit Kunststoff ausgekleidetes Metall. Großen Wert sollte man auf eine einfach zu bedienende, aber dennoch sichere Verriegelung der Türen legen.

Wichtige Ausrüstungsgegenstände

⌃ Und Hopp! Gut trainierte Hunde springen von selbst in ihre Transportboxen

137/mu Abb. tg

Bekleidung und Ausrüstung des Mushers

Die richtige Ausrüstung ist sehr davon abhängig, in welcher Region man unterwegs ist – und natürlich auch vom persönlichen Geschmack. Kältegefühl ist immer eine Folge von feuchter Haut. Hier in Mitteleuropa sollte man sich deshalb nicht zu warm anziehen. Gut ist eine **mehrschichtige Kleidung (Zwiebelprinzip).** Dabei kann man bergauf Kleidung ablegen und diese bergab oder bei Pausen wieder anziehen.

Die oberste Schale sollte wasserdicht sein, da der Schnee in hiesigen Breiten oft feucht ist. Mütze und Handschuhe sind obligatorisch. Wichtig sind gut sitzende, nicht zu schwere Stiefel. Bewährt haben sich Stiefel wie die kanadischen Kamikstiefel. Diese bieten einen herausnehmbaren Innenschuh, der schnell wieder zu trocknen ist.

In kälteren Regionen wie Lappland und Alaska haben sich Thermooveralls bewährt sowie die so genannten „Bunnyboots" (Plastikstiefel mit extremer Isolierung). Sehr warm und wesentlich komfortabler sind Mukluks (ähneln den indianischen Vorbildern), die aber nicht so robust sind. Die absolut wärmsten Stiefel sind Wollfilzlstiefel wie z. B. von der norwegischen Firma Lobben oder russische Valenki. Als Handschuhe sind dicke zweischichtige Fäustlinge das Wärmste. Dünne Unterziehhandschuhe verhindern darüber hinaus, dass beim Hantieren an Metallkarabinern o. Ä. die Finger erfrieren. Bei extremer Kälte werden auch Gesichtsmasken benützt. In trockener Kälte können Parkas aus Baumwolle den modernen Materialien durchaus Paroli bieten und bilden das weitaus bessere Klima. Auch am Lagerfeuer ist Baumwolle wesentlich unempfindlicher.

Als **Unterbekleidung** eignet sich Funktionsunterwäsche aus Polypropylen oder Wolle, die in jüngster Zeit wieder in Mode gekommen ist. Beide führen die Feuchtigkeit ab und halten die Haut trocken. Baumwoll-T-Shirts saugen zwar Feuchtigkeit auf, geben diese aber nicht ab.

Auch bei **Socken** gilt: Feuchtigkeit weg vom Fuß! Allerdings verhindert der Schuh eine gute Zirkulation, sodass Socken und Innenschuhe mit viel Saugvermögen (Wolle) am längsten trocken halten.

Sonstiges

Auf längeren Touren im unbekannten Gelände sind eine **Axt** (kein Beil, denn eine gewisse Stiellänge muss schon sein, um „Zug" auf die Axt zu bekommen), ein Paar **Schneeschuhe** und ein guter **Winterschlafsack** die überlebenswichtige Standardausrüstung. Ein Standardausrüstungsgegenstand, der gerne übersehen wird, ist die **Schneeschaufel.** Diese gibt es in zusammenklappbaren Kunststoff- oder Leichtmetallausführungen in jedem Bergsteigerzubehörladen. Eine metallene Schaufel kann man notfalls auch als Pfanne benutzen.

◁ Klassische Rentierkleidung hält warm, den Wind ab und ist leicht. Leider ist diese ideale Winterbekleidung schwer zu bekommen.

Auf dem Trail

◁ Ein Musherkurs auf einem Trail im Bayerischen Wald
(139mu Abb.: tg)

Verhalten auf dem Trail

Eigentlich sollte man hier überhaupt nichts schreiben müssen, denn gegenseitige Rücksichtnahme sollte wie im Straßenverkehr und anderswo im öffentlichen Raum eine Selbstverständlichkeit sein. Aber leider gibt es immer wieder Vorfälle, bei denen man nur mit dem Kopf schütteln kann. Nicht nur in unserem sehr beengten Deutschland, auch in den Weiten Lapplands und Alaskas sollte man einige Regeln beherzigen. Ansonsten dürfte dem Schlittenhundesport eine düstere Zukunft beschert sein, zumindest hier in Deutschland.

Verhalten gegenüber Wegemitbenutzern

Schlittenhundegespanne **bewegen sich vor allem im Winter äußerst leise.** Als Schlittenhundeführer unterschätzt man gerne den Schrecken, den ein vor sich hinträumender Spaziergänger bekommt, wenn plötzlich hinter ihm ein Rudel galoppierender Huskys auftaucht. Spontan reagiert er mit einem hektischen Ausweichmanöver, und nicht selten ist ein Sturz die Folge.

Deshalb: Bitte **so langsam wie möglich heranfahren,** dabei die Hunde mit beruhigenden „Easy"-Kommandos zurückhalten. Diese hört meistens auch der Passant und wenn nicht, so sollte man ihn in möglichst beruhigender Weise ansprechen. Auch ein anschließender Stopp und ein kleines Gespräch helfen, Berührungsängste und Konflikte abzubauen!

Verhalten gegenüber Hunden auf dem Trail

Begegnungen mit anderen Hunden gehören sicherlich zu den adrenalinträchtigsten Momenten während einer Ausfahrt. Hier sollte man zumindest die eigenen Hunde im Griff haben. Dass Passanten dies nicht immer in der gleichen Weise tun, ist leider Realität. Aber dies ist noch lange kein Grund, dass ein Schlittenhundeteam über den anderen Hund herfällt! Unabdingbare Voraussetzung für einen konfliktfreien Verlauf sind eine gute **verbale Kontrolle** und ein Trainingsgerät (Schlitten, Wagen, Fahrrad o. Ä.), das die angespannte Anzahl von Hunden jederzeit stoppen kann.

Anwohner und Grundbesitzer

Speziell hier in Mitteleuropa gibt es kaum einen Ort, an dem man alleine sein kann. Nahezu unweit eines jeden Startplatzes gibt es Anwohner und immer benutzen wir Privat- oder Staatsgrund für unseren Sport. Das Problem Nr. 1 ist sicherlich der entstehende **Lärm beim Start der Hunde.** Nicht jedem gefällt das. Deshalb sollte es selbstverständlich sein, dass sich die Hunde während der Routinetätigkeiten – zum Beispiel beim Vorbereiten des Trainingsgeräts, beim Auslegen der Zugleinen, beim Wässern oder Füttern – ruhig verhalten. Der Lärm sollte auf ein absolutes Minimum beschränkt werden! Ebenso sollte man unbedingt die **Exkremente der Hunde** wieder mit nach Hause nehmen.

Ein weiteres Problem ergibt sich durch **Wildfütterstellen, Tiergehege, Weiden usw.** Auch in Lappland sind Musher bei Rentierzüchtern nicht gerne gesehen. Wenn es irgendwie möglich ist, sollte man diese Gebiete meiden oder aber sich vorher mit den Besitzern in Verbindung setzen. Es ist nicht immer ganz einfach, aber viele Probleme lassen sich im Vorfeld lösen.

Umwelt- und Tierschutz

Umweltschutz

Leider gibt es nicht mehr viele Freiräume in der Bundesrepublik, auch nicht in anderen europäischen Staaten. Jeglicher Quadratmeter der Staatsfläche ist irgendeiner Nutzung überschrieben – und wenn es nur für den Naturschutz ist. In den einzelnen Bundesländern gibt es **unterschiedliche Regelungen zur Nutzung der Natur.** In einigen Ländern sind Gespanne erlaubt, in den anderen bedarf es einer Genehmigung. Generell ist in Naturschutzgebieten und einigen Nationalparks das Fahren mit Gespannen untersagt.

Aber auch in den anderen Gebieten sollte man sich an die reichlich vorhandenen **Forststraßen** halten und wildes Querfeldeinfahren unterlassen. Schlittenhundeteams werden als Gespanne betrachtet, d.h., Forststraßen, die für unmotorisierte Fahrzeuge zugelassen sind, dürfen uneingeschränkt befahren werden.

Schlittenhundesport ist als **offizielle Sportart** in Bayern beim Bayerischen Landessportverband (BLSV) anerkannt, andere Bundesländer werden folgen. Durch die Initiative von Klaus Kennerknecht und mir wurde der Schlittenhundeverband DSSV Mitglied im Kuratorium Sport und Natur, der größten Vereinigung von Natursport und Naturschutzverbänden. Hier konnte unter anderem erreicht werden, dass Natursport als Erholung von Gesetzes wegen anerkannt wurde und damit auch für Mushing das freie Betretungsrecht der Natur ihre Gültigkeit besitzt. Auch in weiteren Naturschutzverbänden, wie dem Deutschen Naturschutzring, ist der DSSV (jetzt VDSV) vertreten.

Tierschutz

Ein positiver Umgang mit Hunden sollte selbstverständlich sein. Das Schlagen oder gar Auspeitschen von Hunden gehört definitiv nicht in unsere Zeit! Huskys und andere Schlittenhunde sind sicherlich nicht einfach zu führen, aber die erzieherische Arbeit zu Hause sollte doch so weit Früchte tragen, dass man mit den Hunden einen freundlichen und disziplinierten Umgang pflegen kann. Dies ist eine **Grundvoraussetzung** dafür, mit den Hunden ein anständiges Training aufziehen zu können.

Hält man Hunde, so müssen diese der „Verordnung zum Halten von Hunden im Freien" entsprechend gehalten werden. So muss bei **Zwingerhaltung** ein Minimum von 8 m² Zwingerfläche pro Hund plus 4 m² für jeden weiteren eingehalten werden.

Anbindehaltung darf nur mit einer 6 m langen Laufdrahtvorrichtung und 2,50 m Platz nach jeder Seite realisiert werden. (Warum die Zwingerhunde soviel weniger Platz benötigen, ist eine der vielen Ungereimtheiten in dieser Verordnung.)

Hundehütten müssen gegen Kälte, Regen etc. isoliert (!) sein und dürfen weder zu groß noch zu klein sein. Das Maß richtet sich wie bei den Boxen nach der Größe des Hundes: Dreifache Schulterbreite, Widerristhöhe und Rückenlänge. Dies entspricht in etwa den Maßen 75 x 60 x 60 cm.

Des Weiteren muss auch eine isolierte und witterungsgeschützte **Freiliegefläche** zur Verfügung stehen (mehr zu diesem Thema unter folgendem Link: www.bmel.de/DE/Tier/tier_node.html).

Das Gespann

Einspannarten

Fächereinspannung oder Fan Hitch

Diese sehr alte Einspannung wird heute noch in baumfreien Zonen benutzt. Dabei wird jeder Hund mit einer Leine **direkt mit dem Schlitten verbunden.** Die Leittiere bekommen eine längere, die Teamhunde eine kürzere Leine.

Der **Vorteil** dieser Methode ist, dass in Gegenden mit Eis und Spalten so ein Team weitaus weniger gefährdet ist, komplett abzustürzen, als bei der gebräuchlichen Einspannung. Stürzt ein einzelner Hund in eine Spalte, so kann man ihn selbst oder mit Hilfe der anderen Hunde herausziehen. Dies geht bei anderen Einspannarten nicht. Ein anderer Vorteil besteht darin, dass man auf der Jagd seine guten Jagdhunde schnell vom Gespann lösen kann und diese dann das Wild stellen können, während der Jäger mit dem Gespann nachkommt. Der **Nachteil** dieser Methode: Beim Vorhandensein von Bäumen wird es schwierig!

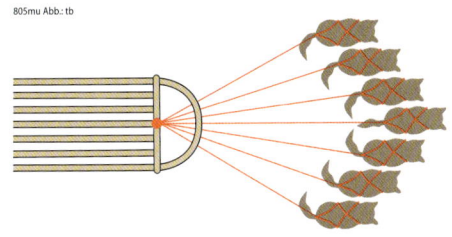

805mu Abb.: tb

Single File/Single Tandem Hitch

Bei diesem System werden die Hunde **einzeln hintereinander** zwischen zwei parallel verlaufenden Leinen gespannt. Die Leinen können mit Stangen versteift oder ganz durch Stangen ersetzt werden (verringert die Verwicklungsgefahr).

Dieses System spielt seine **Vorteile** im dicht bewachsenen Gelände aus, im Tiefschnee oder in unseren Breiten hauptsächlich im Pulkasport (mit entsprechend modifiziertem Gestänge). Durch die links und rechts durchgehenden Leinen besteht nur eine geringe Gefahr, dass sich ein Hund im dicht bewachsenen Gelände verhakt.

806mu Abb.: tb

Der **Nachteil** liegt allerdings auf der Hand: Das Gespann erreicht auch mit wenig Hunden eine gewisse Länge, und um Lasten zu schleppen, benötigt man nun mal eine gewisse Anzahl an Hunden.

Double File/Tandem Hitch

Dieses ist das am weitesten verbreitete System. Hierbei werden die Hunde an einer einzelnen Zentralleine (towline, centerline) **paarweise hintereinander eingespannt.** Dabei reicht je eine Tugleine (tugline) von der Zentralleine zum Ende des Zuggeschirres. Zusätzlich wird der Hund noch mit einer Neckleine (neckline) zum Halsband hin befestigt.

Die **Vorteile** zum Single File System: Es können bei gleicher Gespannlänge doppelt so viele Hunde eingespannt werden. Zudem wird die Zugkraft relativ direkt auf den Schlitten übertragen. Auch die Gefahr von Verwicklungen und Raufereien ist selbst bei großen Gespannen überschau- und kontrollierbar. Praktischerweise lässt sich dieses System in Zweiersegmenten unterteilen. So kann man sich eine beliebig lange Leine zusammenstellen.

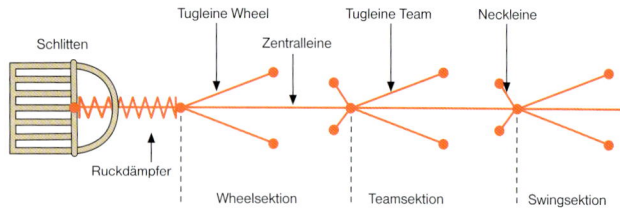

Die optimal abgestimmte Zugleine

Bei optimaler Einstellung weist die Neckleine im Winkel von etwa 80° von der Zentralleine zum Hund zurück. Dies verringert **die Gefahr des Darübersteigens mit der Vorderhand,** eine Verwicklung, aus der sich ein Hund nur schwer selbst befreien kann. Es wurden auch teilweise noch spitzere Winkel verwendet, doch sollten dann hierzu Neckleine und Zentralleine verlängert werden. Auf keinen Fall darf die Neckleine nach vorne weisen!

Anpassungen werden am besten über die Geschirrschlaufen vorgenommen, um sich die Freiheit für Positionswechsel zu erhalten (Zugleinenlänge konstant).

Das Eingeschirren

Nun wird es spannend. Für die meisten Anfänger ist das Eingeschirren die schweißtreibendste Arbeit am ganzen Sport. Prinzipiell werden **zwei Methoden** angewendet:

Die **erste Methode** sieht vor, dass man dem Hund das zusammengelegte Geschirr über den Kopf stülpt und dann die Füße einfädelt. Dazu benötigt man beide Hände. Günstig ist diese Methode, wenn der Hund am Stake-out befestigt ist. Nachteilig ist, dass beim nicht angebundenen Hund die Gefahr des Entweichens relativ groß ist. Zudem kann der Hund dabei nicht aktiv mitarbeiten.

Die für den Hund angenehmere und (nebenbei auch sicherere) **zweite Methode** ist die folgende:

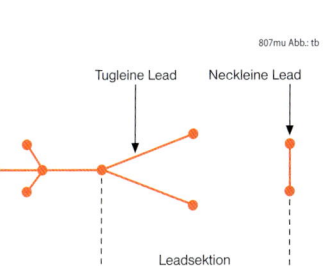

807mu Abb.: tb

Tugleine Lead   Neckleine Lead

Leadsektion

- Man hält den Hund mit einer Hand und nimmt das Geschirr an dem gepolsterten Brustteil in die andere Hand.
- Nun zieht man das zunächst um 180° Grad verdrehte Geschirr über den Kopf (s. S. 86, Bild 1).
- Die Hand immer noch am Brustteil dreht man das Geschirr um 180° in seine Endposition (s. S. 86, Bild 2).

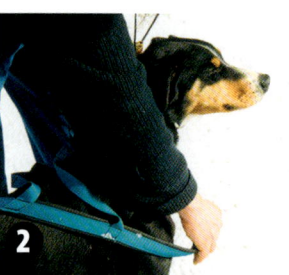

- Nun fädelt man die Füße ein. Dies machen trainierte Hunde oft schon von selbst. Wenn nicht, so legt man den Daumen in das Fußgelenk des Hundes und krümmt es mit der Hand. Anschließend zieht der Daumen das Geschirr etwas nach unten und der Fuß kann mühelos in das Zuggeschirr gefädelt werden. (Bild 3)

- Da man den Hund immer noch mit einer Hand am Halsband festhält, ist es sinnvoll, jetzt sogleich den Ring des Halsbandes in den Karabiner der Neckleine einzuklinken. (Bild 4)

- Jetzt nur noch das Zuggeschirr mit seiner Schlaufe in die Tugleine einhängen – fertig! (Bild 5)

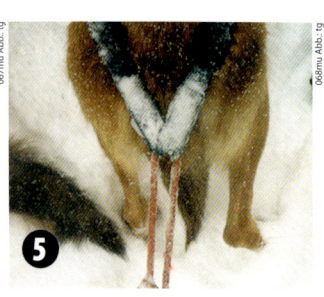

Der **Vorteil** dieser Methode ist, dass der Hund mitmachen kann und man selbst immer eine Hand am Hund hat. Die Gefahr eines Entweichens ist also gering. Da man dies mit etwas Übung auch beim Gehen machen kann, spart man viel Zeit beim Einspannen eines Teams.

TIPP

Zappelphilipp?

Wenn der Hund vor lauter Aufregung hin und her zappelt und das Eingeschirren damit schwierig macht, klemmt man ihn vorsichtig zwischen die Beine, redet ihm gut zu und lobt ihn, wenn er still hält.

Das Ausspannen und Aufräumen des Materials

Das Ausgeschirren

Dies erfolgt genau wie das Eingeschirren, nur **in umgekehrter Reihenfolge.** Sinnvollerweise kontrolliert man dabei gleich die Pfoten.

Die Hunde

Wenn es irgendwie möglich ist, sollte man die Hunde nach dem Training **frei laufen lassen.** So lockert sich die Muskulatur und Muskelkater wird vorgebeugt. Außerdem hält dies die Hunde bei Laune!

Das Aufnehmen der Zugleine

Man kann die Leine einfach zusammenknäulen und ins Auto schmeißen. Aber wer schon einmal ein Leinenknäuel sortiert hat (besonders wenn es über Nacht zusammengefroren ist), wird dieses so aufnehmen, dass es schnell und problemlos wieder ausgelegt werden kann.

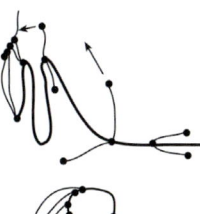

Hierzu fädelt man die Karabiner der Reihe nach auf einen Ring (kann im Fachgeschäft erworben werden) oder, noch einfacher, man benutzt die Leadneckleine. Die Geschirre kann man bei dieser Gelegenheit auch gleich dazuhängen. Die Leinen lassen sich damit auch gleichzeitig zur **Lagerung** aufhängen, am besten an einen luftigen, schattigen Ort.

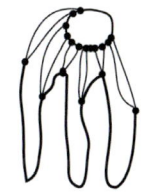

Die Schlitten

Den oder die Schlitten befreit man von Schnee und Eis und kontrolliert sie auf eventuelle Schäden, die man am besten sofort ausbessert. **Wachsen** sollte man am Morgen vor dem Start, da man dann die Schneeverhältnisse besser abschätzen kann.

Fahrtechnik

Grundlagen

Das Ziel sollte eine **möglichst homogene Fahrweise** sein. Ein Hundeteam würde von sich aus – seinem Jägernaturell entsprechend – zunächst mit allerhöchster Geschwindigkeit losjagen. Natürlich dauert es dann nicht lange, bis die Hunde langsamer werden und in Schritt fallen. Eine wichtige Musherregel besagt aber, dass ein Hundeteam so schnell ins Ziel einlaufen sollte, wie es gestartet ist. Das heißt also: Beim Start und bei Abfahrten bremsen, bergauf unterstützen! Der angehende **Musher** tut gut daran, sich diese Fahrkunst anzueignen, denn ein sauberer Fahrstil schont Rücken und Nerven der Hunde. Und den Hunden die Lust am Laufen bis ins hohe Alter zu erhalten ist eines der zentralen Anliegen eines jeden Mushers.

Musher
Das Wort „Musher" stammt ursprünglich von dem französischen Wort „marcher" (= „marschieren").

Im Team eine **gute Stimmung** zu verbreiten (besonders wenn es schwer geht), ist eine weitere wichtige Aufgabe des Schlittenhundeführers. Seine Laune und Stimmung überträgt sich auf das gesamte Team.

Kommandos

Allgemein

Im Gegensatz zu anderen Zugtieren hält man hier keine Zügel in der Hand, sondern **steuert ausschließlich über Kommandos.** Dies setzt natürlich eine besondere **Vertrauensbeziehung** zwischen Musher und Leithund voraus. Alle Kommandos sollten einen **indi-**

viduellen Klang haben, damit sie deutlich voneinander und von anderen Wörtern unterschieden werden können. So klingen z. B. „Go" und „No" sehr ähnlich, weshalb man „Go" nicht als Beschleunigungskommando verwenden sollte. Kommandos sollten kurze, möglichst einsilbige Wörter sein und mit jedem Kommando sollte eine ganz spezifische Aktion verknüpft sein. Auch das **Timing** eines Kommandos ist eine ganz entscheidende Sache.

Der Stimmklang

Grundsätzlich sollte man Kommandos in einem **ruhigen, bestimmten Ton** geben. Ein bei vielen Mushern verbreiteter Fehler ist, dass die Kommandos zu laut und zu schrill gegeben werden. Man unterscheidet verschiedene **Arten der Stimme:**

- überzeugend,
- forderd,
- hart,
- glücklich,
- schrill und
- zögernd

Harte und schrille Befehle sollte man vermeiden, sie führen zu unnötigem **Druck und Stress,** zögerliche Befehle werden dagegen von den Hunden überhaupt nicht angenommen. Nicht vergessen werden sollte ein **Lob,** wenn das Kommando richtig ausgeführt worden ist!

Das Timing

Insbesondere Richtungskommandos sollten erst kurz vor einer Abzweigung gegeben werden. Die Entfernung in Metern hängt natürlich von der Laufgeschwindigkeit des Teams ab. Der Leithund sollte die Abzweigung schon noch erkennen können. Bei sicheren Kommandoleithunden beträgt die Entfernung etwa eine bis zwei Hundelängen. Gibt man das Kommando zu früh, biegt ein guter Leithund ab, egal welches Terrain dort ist! Es gibt jedoch auch so genannte **Trailleader,** die prinzipiell nur auf Wegen laufen und Abzweigkommandos in ungespurtes Gelände ignorieren.

Die Durchführbarkeit

Gibt man ein Kommando, so sollte es auch durchgeführt werden können. Aufmunterungskommandos sollte man daher **sparsam einsetzen!** Allzu oft gegeben, wird der Hund diese (zu Recht!) ignorieren. Man sollte sich nicht das „go, go, go"–Geschrei angewöhnen, das man auf manchen Rennplätzen oder in Filmen hört. Diese Kommandos machen Sinn, wenn der Hund noch Kapazitäten frei hat, aber auch dann reicht ein einmaliger oder zweimaliger Pfiff o. Ä. Oftmals ist zur Initialisierung ein Pedalschritt oder im Tiefschnee ein Anrucken des Schlittens sinnvoll.

Das Bremskommando ist ein Stoppkommando! Es dient nicht zum Langsamfahren. Dieser Befehl sollte mit der Bremse unterstützt werden, sonst läuft der Schlitten auf die Hunde auf. Die Folge wäre, dass der Hund lernt, bei „Whoaaa" auf keinen Fall stehen zu bleiben!

Richtungskommandos müssen gegeben werden, wenn der Abbiegepunkt fast erreicht ist und nicht schon hundert Meter davor.

Was tun, wenn der Hund nicht will?

Es kann immer mal vorkommen, dass ein Hund das Kommando **nicht annimmt.** Sei es, weil er es vielleicht gar nicht gehört hat (was aber unwahrscheinlich ist), sei es, weil er den Weg nicht sieht (kann vorkommen) oder aus dem einfachen Grund, dass er nicht will (soll des Öfteren vorkommen).

Ignoriert ein Hund z. B. ein Richtungskommando, so hilft nur ein abruptes Stoppen des Teams ohne weiteres Haltkommando. Jetzt kann man den Befehl in verstärkter Form noch mal geben (wenn man vorher an Lautstärke gespart hat). Hilft das alles nichts, kann man nur selbst Hand anlegen: Anker setzen, nach vorne gehen und die Leithunde in die richtige Richtung führen. Dies kann öfter mal erforderlich sein! Wichtig ist die **Beharrlichkeit,** immer und immer wieder auf dem Kommando zu bestehen. Gibt man nach, so schafft man sich für die Zukunft immense Probleme!

▷ Wenn der Hund partout nicht mehr will, schafft man sich halt ein Lama an! Scherz beiseite, auch das gibt es: Lamas als Schlittenhundeersatz, hier bei einem Wettbewerb in Silvaplana, Schweiz.

Liste der Kommandos

Kommando	Aussprache	Bedeutung
Gee	„Dschi" - kurz und knapp gesprochen	nach rechts
Haw	„Ho" - kurz und knapp gesprochen	nach links
Straight ahead, ahead, on by	„Sträit ahäd", „ahäd", „onn bei" - kurz und knapp gesprochen	geradeaus
Go, get up, hike oder ein Pfiff	„Go", „gedd app", „heik"- kurz gesprochen, wie ein Peitschenknall	Startkommando, schneller
Whoaaah	„Hoooooooo" - langgezogen, beruhigend und tief gesprochen (In Notsituationen gar nicht so einfach!)	anhalten
Stay	„Stäi" - bestimmt ausgesprochen	nachdem man angehalten hat
Come gee	„Kamm dschi" - kurz und knapp gesprochen	wenden nach rechts
Come haw	„Kamm ho" - kurz und knapp gesprochen	wenden nach links
Gee over	„Dschi ouwer" - kurz und knapp gesprochen	Spurwechsel nach rechts
Haw over	„Ho ouwer" - kurz und knapp gesprochen	Spurwechsel nach links
Easy	„Iiiiiiisi" - lang gesprochen (ähnlich wie das Whoa-Kommando)	langsamer laufen (Schritt)
Line out	„Lein aut" - kurz und knapp gesprochen	für die Leithunde: zum Straffhalten der Zugleine
Allez hop	„Allee hopp" - kurz und knapp gesprochen	Überspringen von Bäumen
No	„Nou" - kurz und scharf gesprochen	allgemeines Stoppkommando für unerwünschte Aktionen.
Gut, good boy, adda boy ...	„Gut", „gudd beu", „adda beu" - mit Enthusiasmus gesprochen	Lob, allgemein verwendet

Der Start

Der Start ist **der heikelste Moment beim Mushing!** Die Hunde sind heiß aufs Laufen und zerren wie wild an den Leinen und dem angehängten Schlitten. Der Lärm ist ohrenbetäubend und der eigene Adrenalinspiegel am oberen Anschlag. Besonders bei Rennen, bei denen man lange auf den Start warten muss, werden die Nerven ordentlich strapaziert. Des Öfteren sind Musher in solchen Momenten unansprechbar. Unschöne Äußerungen derselben sollte man dann nicht so stark bewerten!

Damit es hier nicht zu Frühstarts und Chaos kommt, sollten Sie einige **Regeln** beachten:

- Überprüfen Sie alle Sicherheitsteile *vor* dem Einspannen der Hunde: Sind die **Paniksnaps** geschlossen? Sitzt der Schneeanker fest genug? Ist der Karabiner zur Zugleine geschlossen? Ist die Bremsmatte am Boden?

Paniksnap

Der Paniksnap ist im Gegensatz zum herkömmlichen Klettekarabiner ein Karabiner, der sich auch unter Zug öffnen lässt. Alternativ lässt sich auch ein Schleifknoten anwenden.

Handlebar (auch: Tower)

Hierunter versteht man den Teil des Schlittens, an dem man sich festhält und mit dem man den Schlitten steuert.

- Nachdem die Hundemeute eingespannt ist wird es ernst. Achtung: Ist das Team noch **ausgeleint?** Sitzt bei allen Hunden das **Zuggeschirr** korrekt? Sind **alle Hunde** auf ihren Plätzen? Steht auch kein Hund über einer **Leine?** Nein? Na dann – Start!

- Der Startvorgang benötigt normalerweise kein Kommando. Hat man jedoch ein sehr aufmerksames (also gut erzogenes) Team, so sollte ein Starkommando erfolgen. Die Hand fest am ■ **Handlebar,** die Füße auf die Bremse und den Paniksnap öffnen! Hat alles geklappt, so kann man erst einmal aufatmen!

Geschwindigkeitskontrolle

Wie eingangs bereits angedeutet ist die Geschwindigkeitskontrolle beim Mushen das A und O. Hat man erst einmal den Start hinter

◁ Die Hunde können den Start kaum erwarten ...

sich gebracht, so sollte man ja nicht gleich die Bremse lösen, sondern mit mehr oder weniger gedrückter Bremsmatte weiterfahren (außer es geht gleich steil bergauf). Wie hoch die Geschwindigkeit sein soll, hängt von mehreren Faktoren ab, hier kann man keine Geschwindigkeitsangaben geben. Ausschlaggebende Faktoren sind:

- die **Schneebeschaffenheit,**
- die **Verfassung** der Hunde,
- das **Laufvermögen** der Hunde,
- die **Lufttemperatur** und schließlich
- **Länge und Profil** der geplanten Strecke.

Hier ist also einiges an Wissen über das eigene Team erforderlich, um die optimale Geschwindigkeit ermessen zu können. Für Anfänger gilt der Grundsatz: **Man kann nie zu langsam fahren, aber man kann zu schnell fahren!**

Warum soll ich denn nun die armen, laufwilligen Hunde am Laufen hindern? Schade ich den Hunden nicht weit mehr, wenn ich sie nicht so laufen lasse, wie sie wollen? Das sind die verständlicherweise häufig gestellten Fragen eines Anfängers (und selbst manches Veteranen). Nun, es gibt viele Gründe, die Hunde in ihrem anfänglichen Laufdrang zu bremsen: sie würden sich z. B. anfangs zu stark verausgaben und bekämen Konditionsprobleme bei längeren Touren, ein unkontrollierter Start mit dann lockerer Leine würde die Gefahr einer Verwicklung erhöhen, manche Hunde könnten schlichtweg überfordert werden, der Musher hätte einfach keine Kontrolle über das Team und schlimmstenfalls könnte ein Hund dabei sogar verletzt werden.

Prinzipiell sollte sich eine **Vertrauensbasis von Musher zu Hund und umgekehrt** entwickeln. Dies geschieht, indem man das Gespann immer soweit abbremst, dass sich die Hunde in das Zuggeschirr lehnen können, ohne vornüber zu stolpern. So können sich die Hunde leichter ausbalancieren und laufen dadurch sicherer. Eine gute Kontrolle hierfür ist der **Ruckdämpfer** (s. S. 66). Dieser sollte *immer* ausgezogen sein. Ein gut geführter Hund ist weitaus mehr vor Verletzungen geschützt. Sollte der Hund doch einmal in ein Loch steigen oder ausgleiten, so kommt er bei straffer Leine wesentlich leichter wieder auf die Füße.

Bei steilen Bergabfahrten setzt – verständlicherweise – schnell eine Art Geschwindigkeitsrausch ein, selbst bei ansonsten eher gemütlich trabenden Teams. Jeder, der schon mal einen steilen Hang hinabgerannt ist, weiß auch, dass man sich ab einem bestimmten Punkt nicht mehr stoppen kann und unwillkürlich stürzt. (Dagegen kann man, sich in ein Klettergeschirr lehnend und gut mit einem Seil geführt, selbst senkrechte Wände hinablaufen.)

Hier ist also ganz besonders die Selbstkontrolle des Mushers gefragt und damit ein merklicher Druck auf der Bremsmatte erforderlich. Denn zu schnelle Fahrten bergab üben auf den Hund Druck aus: Es kommt etwas von hinten – Schlitten, Hunde, Wagen. Er läuft automatisch schneller als er eigentlich will und er muss die ganze Belastung mit den Schultern abfangen, die darunter stark leiden können. Eine **verletzte Schulter** ist aber für einen Schlittenhund eine der schlimmsten Verletzungen, da sie nur sehr schwer wieder heilt.

Vielleicht noch ein Beispiel: Ein Hund zieht beim Spaziergang an der Leine, der Führer lehnt sich dagegen. Was passiert? Der Hund zieht immer mehr! Lässt der Führer hingegen immer wieder für den Hund unerwartet die Leine locker, sodass er die Balance verliert, hört der Hund bald auf zu ziehen! Fahren mit **gespannter Zugleine** gibt dem Hund also mehr **Sicherheit** und erhöht den Willen zu ziehen.

Wie bewerkstelligt man nun die **Geschwindigkeitskontrolle?**

- Im einfachsten Fall genügt es, **mit den Fersen zu bremsen**. Allerdings ist dies für Anfänger nicht zu empfehlen! Diese Methode ist natürlich in ihrer Wirkung stark eingeschränkt, findet jedoch im Rennsport für das „Feintuning" häufig Anwendung.

- **Mit der Bremskralle** stellt sich die massivste Bremswirkung ein, damit ist allerdings ein sauberes, ruckfreies Fahren kaum möglich. Ein zu vermeidender Nebeneffekt dieser Methode ist auch, dass der **Trail** dabei total aufgewühlt und zerstört wird. Wer einmal mit einem schnellen Team so eine aufgerissene Spur befahren musste, weiß ein Lied davon zu singen!

Trail
Unter einem Trail versteht man den Weg für Schlittenhundegespanne.

- **Mit der Bremsmatte** lässt sich die Geschwindigkeit am effektivsten kontrollieren. Ein mehr oder weniger starker Druck mit den Füßen auf die Matte erzeugt einen Widerstand, mit dem sich sogar große Teams kontrollieren lassen. Mit einseitigen Druck-Manövern auf der rechten oder linken Seite der Matte lässt sich zudem der Schlitten auch etwas steuern. Benötigt man die Matte nicht, so hängt man sie einfach nach oben.

TIPP

Mit Kommando bergab
Bei steilen Abfahrten ist es nützlich, wenn die Hunde das „Easy"-Kommando beherrschen. So können selbst steilste Abfahrten im Schritttempo bewältigt werden.

Aber nicht nur bei Abfahrten, auch auf flachen Trailstücken ist eine durchgehende Geschwindigkeitskontrolle vonnöten. So sorgen **verschiedene Tempi** (Trab oder Galopp) im Training für Abwechslung und steigern so die Motivation der Hunde. Rechtzeitig das Tempo herausnehmen hilft auch dabei, müde werdende Hunde über längere Strecken zu bringen.

Bremsen

Das Bremsen ist das wohl größte Problem im gesamten Schlittenhundesport. Hier lohnt es sich, im Sommertraining Zeit zu investieren und eine **gute verbale Kontrolle über das Team** zu erlangen. Immens wichtig ist dabei, dass die Huskys das Gefühl haben, der Musher könne sie jederzeit stoppen! Wer schon einmal mit diesen Energiebündeln zu tun hatte, weiß, dass dies in der Praxis nicht so ohne Weiteres zu realisieren ist. Um einen guten **Appell,** d. h. eine gute Ansprechbarkeit der Hunde, zu bekommen, sollte im Training

07 rmu Abb. 1g

⌂ Bremsen mit der Krallenbremse

das Verhältnis der Hundeanzahl zum Gewicht des Trainingsgefährts so aufeinander abgestimmt sein, dass man jederzeit stoppen kann. Bei großen Teams hilft da nur ein Quadrunner oder ein Autochassis. Leider neigt auch hier der Anfänger dazu, einen zu leichten Trainingswagen zu kaufen, aus Angst, die Hunde könnten überfordert werden. Grobstollige Reifen und ein gewisses Gewicht sind unbedingt erforderlich, um ein Team immer sauber stoppen zu können.

Dabei ist zu beachten, dass der Hund das Bremskommando **„Whoaaa"** unmittelbar mit der Aktion „Bremsen" verknüpft. Das heißt, gleichzeitig mit dem Bremskommando wird das Team bis zum Stillstand abgebremst. Das Bremskommando zum langsamer Fahren zu verwenden ist ebenso sinnlos und kontraproduktiv, wie das Bremskommando zu geben und erst hundert Meter später zu stoppen!

Sehr hilfreich ist es, bereits im Sommer die Hunde so zu schulen, dass sie, so lange sie schreien und zerren, **keinen Millimeter Raum gewinnen.** Erst wenn sie ruhig sind und anständig stehen, lässt man sie weiterlaufen. Das mag zugegebenermaßen manchmal eine Weile dauern, ist aber den Aufwand allemal wert. Nur ein gut trainiertes Team kann auch bei schlechten Schneeverhältnissen gestoppt werden, um (zumindest für kurze Zeit) die Weiterfahrt zu unterbrechen.

Wie bremst man? Beim Schlitten am besten mit der Bremskralle (die Matte reicht hier meistens nicht aus) und beim Trainingswagen mit allen Bremsen, die man zur Verfügung hat. Natürlich immer in Verbindung mit dem Bremskommando!

Ankern

Das Team steht, aber verlassen kann ich es trotzdem nicht. Kaum verlässt man den Schlitten/Wagen, so ziehen die Hunde an und weg ist das Team ... Bevor man das Fahrzeug verlässt, sollte man es daher sichern. Beim Wagen geschieht dies durch das Aufbocken auf die hoffentlich vorhandene Krallenbremse, beim Schlitten durch den **Schneeanker** (siehe auch Seite 55).

Den Schneeanker wirft man natürlich nicht einfach à la Seemann in den Schnee, sondern drückt ihn am Ende des Bremsmanövers druckvoll hinein. An-

⌃ Ankern im Tiefschnee ist einfach ...

schließend testet man die Festigkeit durch **ein kurzes Anziehenlassen des Teams** mittels des „Line out"-Kommandos (ein Verfahren, dass man sich unbedingt aneignen sollte!). Hält der Anker? Nein? Vielleicht hilft es, sich noch mit dem Fuß darauf zu stellen und die Hunde erneut anziehen zu lassen. Oder man setzt einen zweiten Schneeanker, idealerweise im 60° Winkel zum ersten.

Ein **zweiter Schneeanker** gehört ebenso wie eine **zweite Sicherungsleine** zur **Pflichtausrüstung!** Eventuell ist ein Baum in der Nähe, hier hält der Anker schon viel sicherer. Etwas Praxis ist vonnöten, um erkennen zu können, wie der Schnee beschaffen sein sollte, damit ein Anker sicher hält. Bei breiten festgepressten Trails ist dies meist problemlos. Fährt man auf seinen selbst gemachten Trails oder Motorschlittentrails, so hält der Schnee innerhalb des Trails wesentlich besser. Um den Anker zu setzen, fährt man also mit dem Schlitten etwas vom Trail ab und setzt ihn dann in die festere Schlittenspur. Zudem wird der Schlitten abseits des Trails selbst schon ein wenig abgebremst. Reicht das nicht, so kann man den umgestürzten Schlitten auf den Anker legen.

Ein schwer beladener Schlitten bremst umgestürzt wahrscheinlich schon genug. Man kann den Schlitten aber auch **an einen Baum steuern** (aber das bitte langsam!). Diese Methode ist in ihrer Bremswirkung effektiv, der Schlitten ist jedoch danach nur schwer wieder zu lösen.

Auf Eis ist das Anhalten kritisch, aber gut geschliffene und gut geformte Schneeanker halten auch hier. Auch beim Trainingswagen und Quadrunner ist man in allen Fällen sicherer, wenn das Team zusätzlich mit einer Startleine gesichert wird. Hierzu benötigt man Bäume, Felsblöcke o. Ä. Hat man das Team verbal sehr gut im Griff, kann man auf Sicherungen oftmals ganz verzichten.

Pedalen

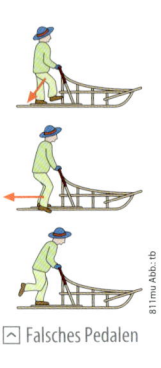

△ Falsches Pedalen

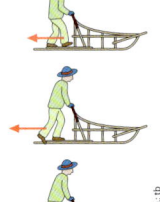

△ Richtiges Pedalen

Bislang haben wir uns sehr ausführlich mit dem Bremsen befasst. Es kann allerdings auch passieren, dass man nicht bremsen sollte! Dies ist **beim Bergauffahren** der Fall und der Musher macht dann seinem Namen alle Ehre, er „musht" (= marschiert), unterstützt also aktiv sein Team, in diesem Fall in der Form des „Pedalens". Dies sieht so aus, **als ob der Musher Roller fahren würde.** Ein Fuß steht auf einer Kufe und der andere macht lang gezogene Rollerschwünge. Diese können nun zwischen oder außerhalb der Kufen erfolgen. Pedalt man außerhalb, so sollte der Standfuß die Kufe wechseln, z.B. der linke Fuß auf die rechte Kufe oder umgekehrt. Die Bremsmatte wird unterdessen natürlich hochgehängt, um die Sache nicht zu erschweren.

Das hört sich nun alles viel leichter an, als es in Wirklichkeit ist. Man sollte beim Pedalen darauf achten, **keine ruckartigen Bewegungen** zu erzeugen und die Hunde in ihrer Arbeit nicht zu behindern. Gerade der unerfahrene Musher neigt im Übereifer dazu, möglichst viel mitzuhelfen. Ein zu starker Pedalschwung bewirkt aber, dass der Schlitten zwar nach vorne beschleunigt wird, aber so stark, dass die Zugleine zu den Hunden locker wird und durchhängt. Im nächsten Moment ziehen die Hunde wieder an und bekommen so einen starken Ruck ins Kreuz. Das nehmen sie dem Musher übel und hören alsbald mit dem Ziehen auf. Also sollte man mit lang gezogenen Schwüngen mithelfen, um die Hunde nicht in ihrem Laufrhythmus zu stören. Im Idealfall merkt man das Pedalen überhaupt nicht. Bei Rennen wird man im steten Wechsel entweder bremsen oder pedalen, um eine gleichmäßige Fortbewegung des Schlittenhundeteams zu sichern.

Wenn es den Hunden trotz des Pedalens zu schwer wird, sollte man sogar **mitlaufen.** Aber Achtung: Wenn man den Schlitten verlässt, ziehen die Hunde einige Kilo weniger. Springt man dann wieder auf, so wirkt das wie eine Vollbremsung! Der Laufrhythmus der Hunde wird enorm gestört und sie bleiben unter Umständen sogar stehen. Also muss man wieder herunter vom Schlitten und laufen usw. Ob und wann man absteigt und mitläuft, hängt natürlich sehr stark von der Leistungsfähigkeit des Mushers und der Huskys ab.

Kurven

Allgemeines

Die Kunst, ein Gespann zu führen, zeigt sich spätestens bei der nächsten Spitzkehre. Manch „Musherbaum" weiß bereits ein Lied zu singen von seinen Kontakten mit den Mushernovizen. Überlegt man, dass sich das Gespann pro Hundepaar um 2,50 m verlängert, so wird einem schnell klar, dass insbesondere bei engen Kurven eine **gute Technik vonnöten** ist, um sein Gespann heil durch diese hindurch zu steuern.

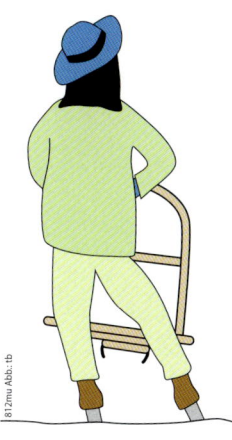

812mu Abb. tb

Ist es bei Trainingswagen dank vorhandener Lenkungseinrichtung noch relativ einfach zu steuern, so sieht das bei einem Schlitten schon ganz anders aus. **Je nach Bauart und Ladung der Schlitten** lassen sich diese mehr oder weniger gut steuern.

⌃ Kurven steuern durch Gewichtsverlagerung und Verwinden des Schlittens

Die klassischen Alaska- oder Basketschlitten sowie ihre modernen Nachfolger sind einfacher zu steuern als die relativ starren Toboggans oder die alten Eskimoschlitten. Ein unbeladener Schlitten ist ebenfalls leichter zu steuern als ein beladener, wobei wiederum ein beladener Toboggan einfacher zu steuern ist als ein beladener Basketschlitten. Das **Grundprinzip** ist aber immer das Gleiche: Man steuert den Schlitten durch Gewichtsverlagerung, Beschleunigung sowie durch ein Verwinden (Aufkanten) des Schlittens. Will man nach rechts, so verlagert man seinen Körperschwerpunkt nach rechts. Gleichzeitig verwindet man den Schlitten nach rechts. Je nach Bauart geschieht das durch Drücken oder Ziehen des Schlittens. Dies bewirkt ein leichtes Aufkanten der Kufen.

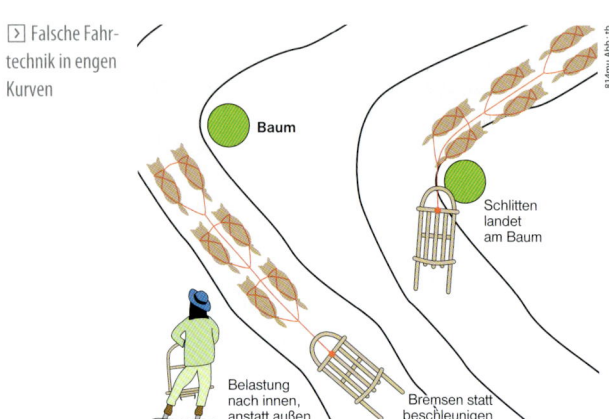

> Falsche Fahr-
technik in engen
Kurven

Baum

Schlitten
landet
am Baum

Belastung
nach innen,
anstatt außen

Bremsen statt
beschleunigen

Bei engen Kurven und höheren Geschwindigkeiten ist es manchmal notwendig, mit „Ausleger" zu fahren, d.h., der kurveninnere Fuß wird, wie beim Speedwaymotorradfahren, auf den Boden gestellt, um als Drehlager für den Schlitten zu dienen. Bei solch artistischen Einlagen ist vom Schlitten meist nur noch ein kleiner Teil der Kufen am Boden. Speziell beladene Schlitten erfordern manchmal einen gehörigen Kraftaufwand, um enge Kurven zu umrunden.

Ist der Trail tief oder geht es bergauf, so kann es auch notwendig sein an der Kurvenaußenseite zu laufen, um den Schlitten dadurch zum äußeren Kurvenrand zu ziehen.

Das Kurvenmanagement im Detail

Je nach Länge des Gespannes **leitet man Kurven soweit von außen ein wie möglich.** Man fährt also z.B. eine Rechtskurve zunächst wie eine Linkskurve, um vor der Kurve möglichst weit ausholen zu können. Erst im Scheitelpunkt sollte man sich nach innen legen, um nicht durch die Fliehkraft nach außen hin umzustürzen!

Galt bisher die Regel, dass die Zugleine unter allen Umständen immer gespannt sein sollte, so muss man bei Kurven von dieser Regel abweichen: Ein gespanntes Seil stellt immer eine Gerade

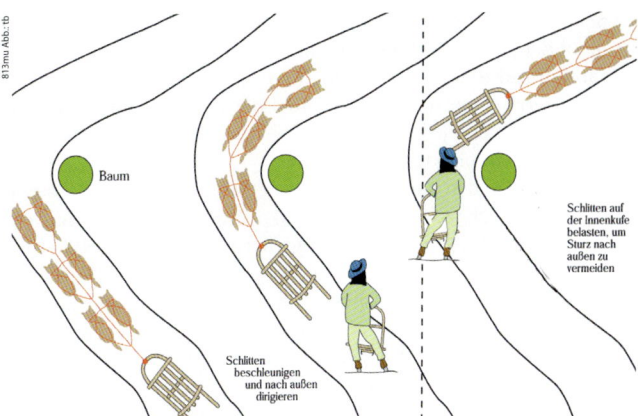

Baum

Schlitten auf
der Innenkufe
belasten, um
Sturz nach
außen zu
vermeiden

Schlitten
beschleunigen
und nach außen
dirigieren

⌂ Richtige Fahrtechnik in engen Kurven

dar und diese folgt logischerweise nicht dem Kurvenradius. Es ist
also in einer Kurve dringend notwendig, den Zug aus der Leine zu
bringen. Je enger die Kurve, desto notwendiger wird dies. **Bergab,
bei schnellen, flachen Trails und höheren Geschwindigkeiten** geschieht dies durch Anbremsen des Teams *vor* der Kurve und einer
Reduzierung der Bremse *in* der Kurve. **In Kurven den Schlitten
beschleunigen!**

Bei tiefen Trails, schwer bepackten Schlitten und steilen An-
stiegen funktioniert diese Methode jedoch nicht, da die Leine
auch ohne Bremsen gespannt ist! Hier hilft nur eines: Füße auf den
Boden und laufen was das Zeug hält – natürlich auf der Kurvenaußenseite! Am Kurvenende springt man wieder auf. Diese Manöver
zählen zu den aufregendsten Momenten und erfordern entschlos-
senes Handeln.

Schräghangfahren

Dem Kurvenfahren sehr ähnlich ist die Bewältigung schräger Trail-
stücke. Diese Herausforderung kommt in der Praxis häufiger vor,
als man meinen möchte. Man muss dazu nicht erst in Gebirgsregi-
onen reisen. Es reichen Wege im heimischen Wald mit hartem

Schnee oder vereisten Stellen mit einseitigem Gefälle. Schon beginnt der Schlitten – unerwünschter Weise – **in Richtung Wegesrand abzudriften.** Beim unbedarften Musherlehrling kann in solchen Momenten schnell ein Gefühl der Panik entstehen. Doch immer die Ruhe bewahren! So lange die Hunde oben auf dem Weg bleiben, kann nichts passieren.

Diese Situation kann man aber auch eleganter lösen. Wie bei der Kurventechnik bereits beschrieben **fährt man auch in solchen Situationen eine Kurve, allerdings bergauf!** Ist das Gefälle beispielsweise links, so fährt man wie in einer Rechtskurve: Der Schlitten wird nach rechts verwunden und der Körperschwerpunkt nach rechts (bergauf) verlagert. In Standardsituationen sollte diese Methode ausreichen. Bei längeren Passagen oder steileren Stücken ist der beidfüßige Stand auf der Kufe meist komfortabler und effektiver. Sollte auch dies nicht reichen, so wendet man die Technik mit dem Ausleger an: Den bergoberen Fuß in den Schnee und mitschleifen lassen. Sollte dies auch nicht ausreichen, so hilft nur noch laufen, natürlich oben!

Manchmal kann es auch hilfreich sein, vor allem dann, **wenn der hängende Weg bergab führt,** dass man mit einer Fußspitze die Krallenbremse betätigt, um mehr Zug und Führung zu bekommen. Für extreme Fälle, z. B. in alpinen Regionen, kann man sich auch eine Art Harscheisen, also metallene Krallen, an die Kufen montieren, das man sich allerdings selbst fertigen muss. Hängende Bergabfahrten erfordern schon eine gewisse Virtuosität auf dem Schlitten.

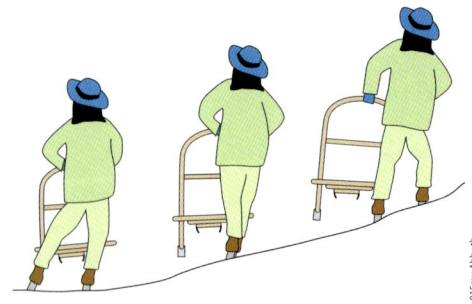

> Fahrtechnik bei einseitigem Gefälle

815mu Abb. tb

Bei schwer beladenem Schlitten hilft oft nur eine zweite Person, die den Schlitten nach oben zieht. Schlimmstenfalls muss man einen Teil des Schlittens entladen.

Wenden

Was tun, wenn es nun gar nicht mehr weitergeht, der Hang zu steil ist, umgestürzte Bäume im Weg liegen, schneefreie Stellen die Kufenbeläge bedrohen? Dann hilft nur Eines: Wenden! Im einfachsten Fall geht das so:

- Das Team mit dem „Whoaaa"-Kommando **stoppen,** und zwar am rechten Wegrand, wenn man links wenden will, am linken Wegrand, wenn man rechts wenden will.
- Den **Anker setzen** (links vom Schlitten, wenn ich links wenden will, rechts vom Schlitten, wenn ich rechts wenden will!).
- Den Schlitten um 90° **zur Seite drehen** (nach rechts bei einer Linkswendung, nach links bei einer Rechtswendung!).
- Darauf hin das **Wendekommando** geben („Come Haw" für eine Linkswendung, „Come Gee" für eine Rechtswendung).
- Einen kurzen Moment warten, bis sich die **Leinen wieder gestrafft haben,** dabei unbedingt den Schlitten festhalten. (Es gibt manchmal einen gehörigen Ruck und der Anker hält nach rückwärts nicht.) Und weiter geht es!

Achtung bei Bäumen am Wegesrand oder bei tief eingeschnittenen Trails! Die **Schlittenkufen können leicht brechen,** wenn der Schlitten von den Hunden vehement herumgezogen wird. Daher sollte man den Schlitten vor dem Wendemanöver so parken, dass er problemlos gedreht werden kann.

Leider funktioniert das Wenden nicht immer so problemlos. Selbst wenn die Leithunde alles richtig gemacht haben, kann es zum Beispiel vorkommen, dass sich ein Hund oder mehrere aus dem Team verheddern. In diesem Fall ist es gut, wenn man **einen zweiten Schneeanker** mit dabei hat, den man in die neue Fahrtrichtung setzen kann. Aber auch wenn die Leithunde mal nicht so wollen:

Wenden mit zwei
Schneeankern:
> 1. Stoppen
und beide Anker setzen

> 2. Schlitten drehen
und die Hunde wenden

> 3. Ist der Schlitten kom-
plett gewendet, hängt das
Team am vorsorglich gesetz-
ten zweiten Schneeanker

Mit einem zweiten Schneeanker oder entsprechenden Startleinen
lässt sich das Problem beheben. Mit zwei Schneeankern sollte man
wie folgt vorgehen (am Beispiel einer Linksdrehung gezeigt): Stoppen, je nach Gusto rechts oder links. Schneeanker auf der rechten
Seite setzen, jetzt aber zusätzlich einen zweiten Schneeanker auf
der linken Seite und umgekehrt, also zum Team hin, spannen (s.
oben, Bild 1). Den Schlitten nach links drehen (Bild 2), Wendekommando geben oder die Hunde per Hand wenden (rechts herum!). Jetzt hängt das ganze Team im zweiten Schneeanker (Bild
3). Nachdem man alles sortiert und die Schneeanker wieder einge-
sammelt hat, kann man weiterfahren. Wichtig beim Wenden mit

zwei Ankern ist, dass man die Anker auf die richtigen Seiten setzt, sonst findet sich nach der Wendung ein Anker unterhalb des Schlittens wieder.

Problemsituationen

Hindernisse

Auf einem Trail gibt es Hindernisse in Hülle und Fülle. Ich werde hier, ohne Anspruch auf Vollständigkeit, einige aufzählen:

■ **Bäume:** Gerade nach nassen Neuschneefällen und nach Stürmen sollte man damit rechnen, dass ein Baum den Trail versperrt. Oftmals kann man diesen umfahren oder ihn

⬆ Überqueren eines Baumes mit dem Kommando „Allez Hop"

unterhalb oder oberhalb überwinden. Unterhalb braucht man viel Platz, damit der Schlitten oder Wagen hindurch kommt. Für die Hunde reicht der Platz meist aus, für den Schlitten oder Wagen nicht immer – und schlimmstenfalls bleibt man stecken. Kann man das Team dann nicht zurückziehen (was meist der Fall sein dürfte), so bleibt einem nur Folgendes übrig: Sicherungsleine oder Anker am Baum befestigen, Schlitten oder Wagen abhängen, das Team hängt in der Sicherungsleine. Nun den Schlitten über oder um den Baum herumschleppen und wieder anhängen. Sicherungsleine bzw. Anker lösen und weiterfahren. Dies setzt voraus, dass man Sicherungsleine und Anker am Schlitten/Wagen immer mitführt und diese direkt mit dem Team verbunden sind, sodass das Gefährt abgehängt werden kann. Eine elegante Methode bietet das Kommando „Allez hop". Dies bedeutet, dass der Hund über den Baum hinwegspringen soll. Folgt jeder Hund diesem Kommando und zieht man den Schlitten rechtzeitig hoch, so kommt man damit elegant über viele Bäume hinweg. Eine weitere Lösung wäre eine Motorsäge, nur gehört die vermutlich nicht zur Standardausrüstung.

⌃ Das Überqueren eines Baches bei 2 m Schneehöhe ist eine Herausforderung

■ **Bäche/offene Wasserstellen:** Es kann vorkommen, dass mitten im Winter Wasser über den Weg rauscht. Auch hier kann man außen herum fahren, was bei echten Bächen jedoch etwas schwierig sein dürfte. Bei offenen Wasserstellen, macht dies aber durchaus Sinn. Ist das Wasser nicht allzu hoch, fährt man einfach hindurch. Will man dabei keine kalten Füße bekommen, so stützt man sich etwas auf den Handlebar. Schwieriger wird es, wenn es je nach Schneehöhe etwas steil in den Bach hinab- und wieder hinausgeht. Hier braucht man einfach nur etwas Mut, Engagement und Dynamik (und einen guten Leithund!). In unseren Breiten weniger häufig sind offene Wasserstellen. Diese bilden sich in den nördlichen Ländern Lappland und Alaska des Öfteren auf den Highways der Huskys, den Flüssen. Man nennt sie **„Overflow".** Gerade wenn es sehr kalt ist, nimmt das Eis an Stärke und damit an Gewicht zu und presst das darunter liegende Wasser zusammen. Dies lässt sich bekanntlich nicht komprimieren und so kommt es an der schwächsten Stelle wieder hervor. Dumm, wenn hier der Trail entlang läuft! Diese Stellen können durchaus Seegröße erreichen und mannshoch tief sein. In diesem Fall obliegt es oft allein dem Leithund, den Weg außen herum zu finden. Das Kernproblem liegt darin, dass Leithunde oftmals auf den Trail fixiert sind, komme, was da wolle. Und nicht immer kann man ein Gespann stoppen ...

- **Andere Wegbenutzer:** Dies können Langläufer, Reiter, Pferdegespanne, Passanten mit oder ohne Hund, freilaufende Hunde, motorisierte Fahrzeuge wie Jeeps, Traktoren, Holzabfuhr-LKWs und Motorschlitten sein. Fast immer ist es ratsam, mit verminderter Geschwindigkeit (Schritt!) an andere Wegbenutzer heranzufahren, sie anzusprechen und, insbesondere wenn andere Tiere vor Ort sind, langsam weiter zu fahren. Stoppt man die Hunde, macht man sie nur unnötig darauf aufmerksam, dass hier etwas Interessantes sein könnte. Alles in allem ist ein diszipliniertes Verhalten von Hund und Mensch zum einen notwendig, um in solchen Situationen die Kontrolle zu behalten, und zum anderen, um bei den anderen Mitnutzern ein gutes Bild abzugeben. Denn man darf nicht vergessen, dass man sich in aller Regel auf öffentlichen Wegen befindet – und dort sollte man die anderen Wegbenutzer nicht belästigen!

Passieren anderer Gespanne

Eine besondere Form von „Hindernissen" sind andere Hundegespanne. Gerade auf Trainingstrails und Rennen sind Begegnungen dieser Art nicht so selten und **leider allzu oft problembehaftet.** Bei privaten Ausfahrten wird man wohl eher selten ein anderes Gespann sichten. Gespanne können vorausfahren und langsamer sein oder stehen, sie können uns folgen und schneller sein und sie können entgegen kommen, im Fachjargon „Head on passing" genannt.

Bei allen Begegnungen ist es ratsam, **mit verminderter Geschwindigkeit weiterzufahren.** Viele neigen aus Rücksicht dazu stehen zu bleiben, um die Entgegenkommenden passieren zu lassen. Leider stört man damit die Hunde in ihrer Konzentration und sie beginnen automatisch, sich für das Geschehen um sie herum zu interessieren. Die unliebsame Folge: Das Team dreht sich auf dem Trail und blockiert die Strecke. Das andere Team kann nun nicht mehr ohne weiteres vorbei und über- oder unterquert das eigene Team. Jetzt hat man eine „schöne Verwicklung" der ausgeprägten Form mit fremden Hunden (s. S. 108)!

Wird man überholt, so verlangsamt man sein Team, bis das nachfolgende Gespann mit den Leithunden am Schlitten vorbei ist. Erst jetzt kann man, wenn notwendig, stoppen, um den Überholvorgang so kurz wie möglich zu gestalten. Auf keinen Fall sollte man den eigenen Schlitten einseitig anheben, um dem Passierenden Platz zu machen! Dies führt nämlich oft dazu, dass dessen Leithunde in die aufgestellte Kufe laufen und sich darin verheddern. Besser ist es, den Schlitten flach und ohne eine Kufe anzuheben beiseite zu schieben.

Ein weiteres Problem kann darin bestehen, dass ein oder mehrere Hunde des einen Gespanns zu Hunden des anderen Gespanns hinüberbeißen. Dies ist beileibe kein Kavaliersdelikt und kann bei noch jungen Hunde notorische Angst vor weiteren Überholmanövern hinterlassen. Das Passieren von Hunden und Gespannen sollte man daher unbedingt **mit anderen Mushern üben,** bevor man mit fremden Ärger bekommt.

Verwicklungen

Eine Verwicklung, das ist des Mushers Albtraum! Dabei verwickeln sich ein oder mehrere Hunde in den Zugleinen des eigenen Gespannes oder in schlimmeren Fällen sogar in denen von anderen Gespannen und es entsteht ein echtes Hunde-Leinen-Knäuel.

Der **Verwicklung im eigenen Gespann** geht in aller Regel ein Fahrfehler des Mushers voraus. Ist die Zugleine immer gespannt, kann es kaum zu Verwicklungen kommen. Dies lässt sich aber nicht immer so verwirklichen, auch beim Profi nicht. Meist sind dies dann jedoch Verwicklungen, die dem Hund keinen Schaden zufügen. Läuft zum Beispiel ein Hund nach einer engen Kurve auf der falschen Seite, so ist das zwar nicht perfekt, aber man kann weiterfahren. Steigt der Hund jedoch mit dem Hinterlauf über eine Tugleine, so wird das auf Dauer unangenehm für den Hund, ganz abgesehen davon, dass er nicht mehr richtig ziehen kann. Diese Situation ist speziell für Rüden unangenehm. Also sollte man möglichst bald parken und dem Hund helfen, aus der Leine heraus zu steigen. Oftmals reicht der Stopp als solches schon aus und der Hund befreit sich selbst. Wohl dem, dessen Hunde den Umgang mit Leinen schon von zu Hause gewöhnt sind.

Prekärer ist es, wenn der Hund mit dem Vorderlauf über eine Neckleine steigt. Dies bedeutet eine akute Verletzungsgefahr für die Schulter, da er nicht mehr richtig laufen kann! Dann sollte man schnellstens stoppen! Verwicklungen der schlimmeren Art passieren bei Wendemanövern, Haarnadelkurven, bei längeren Stopps, wenn die Leithunde sich nach hinten orientieren und bei „Head on passings" (Gegenverkehr). Hier hilft manchmal nur das Lösen einzelner Leinen, Notfalls mit dem Messer! Achtung: Ist der Hund nicht auf Freilauf trainiert, verschwindet er wahrscheinlich über alle Berge.

Es ist sehr hilfreich, für solche Situationen eine Zugleine zu verwenden, bei der die Zentralleine eine deutlich andere Farbe hat als die Tug- und Neckleinen. Auch hilfreich ist ein **Messer mit feststehender Klinge.** Feststehend deshalb, weil man im Extremfall, wenn ein Hund so verwickelt ist, dass er stranguliert werden kann, keine Hand frei hat, um ein Klappmessers zu öffnen. Das Messer sollte zudem schnell und mit einer Hand erreichbar sein. Es ist sicherlich unnötig, darauf hinzuweisen, dass man unter allen Umständen versuchen sollte, einem Musherkollegen in ähnlicher Problemlage zu helfen.

Was tun bei einem Sturz?

Verwicklungen können schlimm sein, aber das größte aller Übel ist der **Verlust des Hundeteams!** Ein Hundeteam in Bewegung lässt sich nicht so ohne weiteres bremsen, geschweige denn stoppen. Hunde, die den „lästigen" Musher abgehängt haben, verspüren den Willen, endlich einmal ungebremst zu laufen. Wer jedoch eine perfekte Kontrolle über sein Gespann hat, bringt es dann mit einem beherzten „Whoaaaa" noch zum Stehen – ansonsten heißt es: Joggen!

Kennt ein Team das Wegenetz, so läuft es mit größter Wahrscheinlichkeit zu einem der Parkplätze, wo der Hundetransporter steht, oder nach Hause. Ein Team, dessen Hunde gerne jagen, biegt unter Umständen in eine Wildspur oder einen Hühnerhof ab. Ist man in einer fremden Gegend, laufen die Hunde irgendwo hin, bis sie sich vielleicht in einem Baum verheddern oder von selbst zur Ruhe kommen.

Joe Redington ist beim Iditarod-Rennen seinen Hunden einmal **mehr als zwölf Stunden nachgelaufen** und fand sie dann an einen

Problemsituationen

Baum gebunden vor, von einem freundlichen Musherkollegen dingfest gemacht.

Die **größte Gefahr** bei einem verloren gegangenen Team besteht darin, das sich der eine oder andere Hund in der Leine verwickeln kann. Da der Musher in einer solchen Situation nicht helfen kann, ist das Leben des Hundes in akuter Gefahr! In den Weiten Kanadas und Alaskas bedeutet ein verloren gegangener Schlitten zudem den Verlust der Ausrüstung. Man befindet sich dann schlagartig in einer winterlichen Überlebenssituation. Deshalb lautet die Musherregel Nr. 1: Einen Schlitten lässt man bei einem Sturz nicht los, außer das eigene Leben ist in Gefahr!

Wie aber sollte man bei einem Sturz reagieren bzw. agieren? Zunächst sollte man den Schlitten festhalten, um darauf **mit ruhiger und bestimmter Stimme „Whoaaa" zu rufen.** Dies sollte bei einem eingespielten Team genügen, um die Hunde zu stoppen. Ist dies nicht der Fall, so sollte man versuchen, mit einer Hand den Anker zu erreichen und in den Schnee zu pressen. Notfalls kann man jetzt auch den Schlitten loslassen und hält sich am Anker fest. Wie bei der Pickelbremse beim Bergsteigen so wird auch hier der Anker das Team irgendwann einmal abstoppen. Wichtig ist dabei, sich und seine Stimme unter Kontrolle zu halten, denn schrille Stimmen und panische Schreie bringen die Hunde eher noch mehr zum Laufen!

Hat man das Gespann wie auch immer gestoppt, so ist es wichtig, dass man, bevor man aufsteht und den Schlitten aufdreht, **den Anker fixiert** und sich notfalls draufstellt. Beim Drehen des Schlittens verringert man nämlich den Zug auf das Gespann und es könnte wieder loslaufen! Man könnte nun auf die Idee kommen und **sich am Schlitten festbinden,** sei es mit einer Handschlaufe oder mit einem Hüftgurt. Das ist **lebensgefährlich!** Wird man hinterhergeschleift und man gerät mit Baumstamm, Stein, Mauer oder Ähnlichem auf Kollisionskurs, hat man keine Möglichkeit, sich zu lösen, auch nicht bei einem Panikkarabiner oder bei extragroßen Schlaufen.

Was man zur eigenen Sicherheit machen kann und was speziell bei Rennen auch getan wird, ist folgende **Präventivmaßnahme:** Vor prekären Stellen nimmt man einen Schneeanker in die Hand, um im Falle eines Sturzes schneller reagieren zu können.

Camping mit Hunden

Eines der Highlights im Leben eines Mushers ist eine Nacht unter sternenklarem Himmel im glitzerden Pulverschnee. Ganz so romantisch ist es in der Wirklichkeit dann aber leider nicht immer. Das Biwakieren mit Huskys im Winter ist für die Hunde verhältnismäßig problemlos. Die **Hunde selbst sind sehr anspruchslos** und bedürfen für eine Nacht im Freien keinen großen Aufwand, vielleicht etwas Schnee für die Schlafkuhle. Einzige Ausnahme: starker Wind bei hohen Minusgraden macht auch den härtesten Hunden zu schaffen. Hier sind Hundedecken ein guter Schutz vor Auskühlung und dem damit verbundenen Energieverlust.

Mit dabei haben sollte man einen Stake-out, um die Hunde in der Nacht daran befestigen zu können. (Man kann auch die Zugleine benutzen, wenn die Hunde nicht daran rumknabbern.) Stangen sind nützlich, um den Stake-out im Boden zu verankern. Je nach

141mu Abb: tg

⌃ Romantischer Zeltplatz am Rande eines Trails in Nordschweden

Camping mit Hunden

Schneehöhe und -beschaffenheit ist eine Schneeschaufel oder ein im Schnee eingegrabenes Holzstück als Verankerung sicherer. Des Weiteren benötigt man einen Kocher für die Hundesuppe (ein Lagerfeuer tut es auch) und etwas Futter für die Hunde. Der Musher selbst benötigt dann nur noch einen guten Schlafsack – und schon kann man die Nacht genießen.

Einer der wichtigsten Ausrüstungsgegenstände im Winter ist die **Schneeschaufel.** Bei höheren Schneelagen beginnen alle Gegenstände in den Schnee einzuschmelzen, auch das Zelt. Um ein Chaos zu verhindern, muss man sich eingraben. Gleichzeitig bekommt man durch das Eingraben einen Windschutz und die Wärme des eigenen Lagerfeuers wird reflektiert.

Normalerweise wird man wohl noch ein **Zelt mitführen.** Hier sind winterfeste Igluzelte die leichteste Variante. Bei längeren Trips sind die herkömmlichen Baumwollzelte ohne Boden nach wie vor unschlagbar: Sie bieten ein trockenes, angenehmes Klima ohne Kondenswasser und ohne Schmelzwasser auf dem Boden. Zudem sind sie gefahrlos beheizbar. So ein Baumwollzelt wiegt halt etwas mehr, aber für was hat man Hunde?

Wer es ganz natürlich haben will, kann natürlich auch **mit seinen Hunden kuscheln.** Bei den Indianern wurde die Kälte einer Nacht nach der Anzahl der Hunde berechnet, die man benötigt, um trotzdem warm zu bleiben. So liegt eine Zwei-Hunde-Nacht noch im Komfortbereich von –10 °C.

Anreise mit Hunden

Die heutige Zeit bringt es mit sich, dass zum Mushing in den meisten Fällen zunächst eine Reise mit dem Hundetransportfahrzeug notwendig ist. Ob nun im umgebauten PKW oder speziell angefertigten Hundeanhänger, beim Verreisen mit Hunden sollte man einiges beachten. Das Wichtigste ist, **einen Rhythmus zu finden,** auf den sich der Hund verlassen kann. Der Hund muss wissen, wie lange er im Fahrzeug verbleiben muss und wann es Pausen gibt. Bei längeren Fahrten wird man zudem Füttern und Wässern müssen und auch ein Hund muss sein Geschäft verrichten, am besten außerhalb des Fahrzeugs. Es ist ratsam, auch das Reisen wie alle anderen Dinge erst zu Hause zu trainieren. Eine eigene Box im Auto gibt dem Hund Sicherheit, er kann sich dort zu Hause fühlen.

Für den **Reiseablauf** kann man sich an **folgenden Richtlinien** orientieren: Etwa zwei Stunden nach der Aufnahme von Flüssigkeit muss der Hund (meist) urinieren. Dies ist ein guter Zeitpunkt, um die Hunde aus den Boxen zu lassen, im Fachjargon „droppen" genannt. Danach kann man vier Stunden Fahrt bis zur nächsten Pause einplanen. Wird gefüttert oder gewässert, verkürzt sich die Fahrzeit wiederum auf zwei Stunden. Abends kann man die Hunde ab 20 Uhr zur Nachtruhe in der Box belassen, um sie am nächsten Morgen zwischen 7 und 8 Uhr wieder rauszulassen. Sofern man die Hunde am Renn- oder Urlaubsort nicht anderweitig unterbringen wird, sollte der Rhythmus auch weiterhin bestehen bleiben. Es ist für die Hunde stressärmer, das gewohnte Leben im Transporter beizubehalten.

Für die Pausen kann man eine Stake-out-Kette mitführen, um die Hunde dort anzubinden. Je nach Gelände kann das Einschlagen der Befestigungsstangen Probleme bereiten. Weniger Probleme hat man daher, wenn der Stake-out am Fahrzeug befestigt werden kann oder wenn man die Hunde frei laufen lassen kann.

◁ Der Autor beim Vorbereiten des Abendbrotes

Sicherheit und Erste Hilfe

◁ Stürmisches Wetter auf dem winterlichen Kungsleden – schnell kann das Wetter einen ungeplanten Notaufenthalt erzwingen (142mu Abb.: tg)

Erste Hilfe

Ein detaillierter Exkurs über Erste Hilfe würde den Rahmen dieses Ratgebers sprengen. Das soll jedoch nicht bedeuten, dass man sich nicht über Erste-Hilfe-Maßnahmen informieren sollte. Sehr gut eignen sich dafür spezielle Kurse für den Outdoorbereich (beispielsweise bei der Johanniter-Unfallhilfe). Man muss sich immer bewusst sein, dass es selbst bei einer sofortigen Hilfeanforderung Stunden dauern kann, bis die Hilfe eintrifft. Bis dahin ist man auf sich allein gestellt. Eine gut sortierte Notfalltasche sollte daher immer mitgeführt werden.

Gefahren im Winter für den Musher

Unterkühlung (Hypothermia)

Gefahren und Anzeichen

Die Gefahr einer Unterkühlung wird **am meisten unterschätzt.** Insbesondere an sonnigen Wintertagen erscheint der Gedanke an eine Unterkühlung absurd. Aber unterwegs kann sich das alles schnell ändern: Zunehmende Erschöpfung, verschwitzte und damit nasse Kleidung, der Fahrtwind, eventuell noch zusätzlich aufkommender Wind und eine unzureichende Bekleidung – und schon befindet man sich in einer bedrohlichen Situation. Wintertage sind kurz und wer in solch einem Zustand in die Nacht kommt, hat plötzlich ein akutes Problem.

Anzeichen beginnender Unterkühlung darf man nie unterschätzen! Sinkt die Körpertemperatur um ein bis zwei Grad, so werden Körperfunktionen eingeschränkt, Bewegungen unkoordinierter, der Denkprozess verlangsamt und die Müdigkeit nimmt zu. Ein weiteres Absinken der Kerntemperatur des Körpers führt zu Bewusstlosigkeit und schließlich zum Tod, sofern der Körper nicht von außen wieder erwärmt wird.

Der Körper unterkühlt, wenn er den Wärmeverlust nicht mehr kompensieren kann. Wärme kann der Körper verlieren durch:

- **Wärmeabstrahlung:** Dagegen hilft gute Kleidung, Handschuhe und vor allem eine Mütze. Ein großer Teil der Körperwärme wird über den Kopf abgegeben (das erklärt auch Opas Zipfelmütze im Bett der damals ungeheizten Schlafzimmer).

- **Wind:** Wind ist eine sehr ernst zu nehmende Gefahr. Das Kälteempfinden des Körpers richtet sich nämlich nicht nach dem Thermometer. Eine komfortable Temperatur von −5 °C wird bei einer Windgeschwindigkeit von 60 km/h durch den „Windchill-Faktor" zu empfundenen −25 °C! Auf dem Hundegespann bewirkt alleine schon der Fahrtwind einen merklichen Windchill (s. dazu die Tabelle Seite 118). Hier hilft nur winddichte Kleidung, Kopfschutz und bei einer Rast ein windgeschützter Platz.

- **Nässe:** Feuchtigkeit auf der Haut (durch beispielsweise Schwitzen) ist oft die Hauptursache für Unterkühlungen. Funktionelle Unterwäsche und dichte Stiefel mit guten Socken halten die Haut trocken und gleichzeitig warm.

- **Erschöpfung:** Dies ist wohl der gefährlichste Faktor, da durch Erschöpfung und Müdigkeit die aktive Abwehrbereitschaft gelähmt wird. Man sollte Überanstrengungen unbedingt vermeiden und bei den ersten Anzeichen pausieren und Energie aufnehmen. Dafür eignen sich bestens warme, gesüßte Getränke, Suppen, Schokolade u. Ä. Alkohol bewirkt leider keine Erwärmung. Das kurzfristige Wärmegefühl wird durch die nachfolgende Auskühlung mehr als kompensiert, da sich Gefäße und Poren weiten und die Auskühlung somit nur beschleunigt wird.

Die weit verbreitete Angst, man dürfe bei Kälte nicht einschlafen, stimmt nicht ganz, zumindest nicht für das Stadium *vor* dem Einsetzen der Unterkühlung. Im Gegenteil, der Körper erholt sich wieder. Die Gefahr, aus dem Schlaf nicht wieder aufzuwachen, ist erst dann gegeben, wenn die Unterkühlung bereits eingesetzt hat.

Behandlung von Unterkühlung

Schon bei den ersten Anzeichen einer Unterkühlung ist es notwendig, mit den **richtigen Maßnahmen** zu reagieren. Wenn die Körpertemperatur schon auf 35–36 °C abgesunken ist und der Körper mit Zittern, Zähneklappern, Müdigkeit und steifen Bewegungen reagiert, helfen noch warme Kleidung und warme Getränke.

Im nächsten Stadium reichen diese Maßnahmen nicht mehr. Die Körpertemperatur ist auf unter 34 °C abgesunken. Der Be-

Gefahren im Winter für den Musher

Windgeschwindigkeit km/h	Temperatur (°C)										Windchill-Tabelle	
0	+4	+2	-1	-4	-7	-9	-12	-15	-16	-20	-23	
	Entsprechende Temperatur											
8	+2	-1	-4	-7	-9	-12	-15	-16	-20	-23	-26	
16	-1	-7	-9	-12	-15	-16	-23	-26	-29	-32	-37	
24	-4	-9	-12	-16	-20	-23	-29	-32	-34	-40	-43	
36	-7	-12	-15	-16	-23	-26	-32	-34	-37	-43	-46	
40	-9	-12	-16	-20	-26	-29	-34	-37	-43	-46	-51	
48	-12	-15	-16	-23	-29	-32	-34	-40	-46	-48	-54	
56	-12	-15	-20	-23	-29	-34	-37	-40	-46	-51	-54	
64	-12	-16	-20	-26	-29	-34	-37	-43	-48	-51	-57	

Geringe Gefahr: Windgeschwindigkeiten über 64 km/h haben geringe zusätzliche Wirkung

Zunehmende Gefahr: Fleisch kann innerhalb von einer Minute gefrieren

troffene ist kaum noch ansprechbar, das Bewusstsein ist getrübt, die Herzleistung verringert (geringerer Puls). Unterzuckerung und starkes Schlafverlangen (in diesem Fall lebensgefährlich) tritt ein. Jetzt muss dringend geholfen werden! Ist der Betroffene noch bei Bewusstsein, dann sollte man wie im ersten Stadium Getränke verabreichen. Keine proteinhaltige Nahrung wie Käse, Fleisch u. Ä. verabreichen, denn diese benötigt zu viel Energie. **Den Körper zusätzlich von außen mit Wärmepacks wärmen,** z. B. eine Flasche mit heißem Wasser oder warme Steine in Jacke oder Pullover gewickelt.

Fällt die Kerntemperatur unter 32 °C, spricht man von einer schweren Unterkühlung. Die **größte Gefahr** stellt in diesem Stadium das **Herzkammerflimmern** dar. Jetzt kann man nur noch versuchen, eine weitere Auskühlung zu verhindern und so schnell wie möglich einen Arzt oder ein Krankenhaus zu erreichen. Der Unterkühlte sollte möglichst schonend transportiert werden, um ein Herzkammerflimmern zu vermeiden. Jegliche stärkere Erwärmung sollte man ebenfalls unterlassen, denn die Gefahr des **Wiedererwärmungsschocks** ist zu groß. Es ist kein Problem, den

Tabelle nach: „Temperature and wind chill chart", Kanadisches Forstamt

-26	-29	-32	-34	-37	-40	-43	-46	-48	-51
-29	-32	-34	-37	-40	-43	-46	-48	-54	-57
-40	-43	-46	-51	-54	-57	-59	-62	-68	-71
-46	-51	-54	-57	-62	-65	-68	-73	-76	-79
-51	-54	-59	-62	-65	-71	-73	-79	-82	-84
-54	-59	-62	-68	-71	-76	-79	-84	-87	-93
-57	-62	-65	-71	-73	-79	-82	-85	-90	-96
-59	-62	-68	-73	-76	-82	-84	-90	-93	-98
-59	-65	-71	-73	-79	-82	-85	-90	-96	-101

Große Gefahr: Fleisch kann innerhalb von 30 Sekunden gefrieren

Betroffenen über Tage in diesem Kühlzustand zu belassen, solange die Vitalfunktionen stabil sind.

Erfrierungen

Erfrierungen betreffen meist die **Extremitäten.** Je weiter entfernt vom Herz, desto gefährdeter ist ein Körperteil, durch Kälte geschädigt zu werden. Finger, Zehen, Ohren und Nase sind daher am häufigsten betroffen. Die kritische Phase einer beginnenden Erfrierung wird erreicht, wenn der anfängliche Schmerz verschwindet. Spätestens jetzt sollten Aufwärmversuche gestartet werden, die leider recht schmerzhaft sein können. Aber das zeigt nur, dass der betreffende Körperteil noch funktionstüchtig ist. Das Problem bei Erfrierungen liegt darin, dass man nach dem Nachlassen des ersten Schmerzes nichts mehr spürt und daher auch dazu neigt, nichts zu unternehmen.

Enge Kleidung, Nikotin, Alkohol, Nässe, Wind, Unterkühlung und Kontakt mit stark wärmeleitenden Stoffen (Metalle, Spiritus, Wasser usw.) begünstigen Erfrierungen. Erfrorene Stellen sollte man **möglichst schnell erwärmen.** Ideal ist ein Wasserbad mit 35–41 °C. Gut ist auch direkter Hautkontakt, z. B. unter den Achseln, auf dem Bauch eines guten Freundes (das zeigt sich spätestens hier) oder am Hund.

Hat man keine Möglichkeit zur Erwärmung und muss der betreffende Körperteil belastet werden, bis man in Sicherheit ist, so geschieht das am besten im gefrorenen Zustand. Ein aufgetautes Körperteil schwillt an und schmerzt. Zudem ist das Gewebe empfindlicher als im gefrorenen Zustand.

Schneeblindheit

Schneeblindheit wird durch die UV-Strahlung des Sonnenlichts verursacht. Im Prinzip ist sie nichts anderes als ein Sonnenbrand auf den Augen. Die Gefahr einer Schneeblindheit steigt auf Schnee- und Eisflächen – auf Grund der Reflexion der Strahlung – und mit zunehmender Höhe, da die Intensität der UV-Strahlung zunimmt. Das **Tragen einer Gletscher- oder einer guten Sonnenbrille** (die tatsächlich UV-Licht filtert) verhindert Schneeblindheit. Auch ein breitkrempiger Hut tut gute Dienste. Gerade neblige Wetterlagen versprechen eine trügerische Sicherheit, die UV-Strahlung kommt jedoch trotzdem ungehindert durch.

Symptome einer Schneeblindheit sind Augenbrennen (als hätte man Sand in den Augen), Tränenbildung, Lichtempfindlichkeit und Kopf- und Augenschmerzen. Im Extremfall kann es zu einer vorübergehenden Erblindung kommen.

Wenn man nichts mehr sieht, kommt man nicht mehr voran. Das kann schlimme Folgen nach sich ziehen, besonders wenn man alleine unterwegs ist. Es hilft in einer solchen Situation nur der Schutz vor weiterem Licht. Am besten man campt, baut das Zelt auf und verkriecht sich im Schlafsack. Aspirin (oder Absud aus Weidenrinde) sowie kalte Augenkompressen lindern die Schmerzen. Meist ist man innerhalb eines Tages wieder soweit hergestellt, dass man die Reise fortsetzen kann.

Improvisieren kann man eine Schneebrille, indem man in ein Stück Rinde oder Karton schmale Sehschlitze schneidet. Ruß um die Augen hilft auch, aber nicht erschrecken über die Reaktion von anderen Leuten!

Orientierung

Die Orientierung kann im Winter schnell zu einem Problem werden. Schneefall und/oder starke Winde lassen besonders auf freien Flächen **die Sicht auf nahezu Null sinken.** Eventuell vorhandene Spuren sind durch Verwehungen schnell verschwunden. Das sicherste Mittel in einer solchen Situation ist, **bis zur Sichtbesserung zu pausieren.** Wer Kompass oder GPS hat und damit umgehen kann, kommt jetzt eventuell noch weiter.

Literaturtipp

„Orientierung mit Karte, Kompass und GPS", REISE KNOW-HOW *Verlag, Bielefeld*

   Ein guter Leithund hat in solchen Situationen schon manchem Musher das Leben gerettet. Überhaupt ist es erstaunlich, wie Hunde in solchen Situationen den Weg noch finden können. Sie scheinen einen siebten Sinn dafür zu haben. Mich hat mindestens einmal ein Hund aus einer lebensbedrohlichen Situation gerettet: Chubby, einer meiner besten Leithunde, führte mein 14-köpfiges Schlittenhundeteam auf einem Hochplateau im Riesengebirge durch einen Orkan mit 150 km/h Windgeschwindigkeit. Mit unglaublicher Sicherheit zerrte er die teils schon unwilligen Hunde und mich hinter sich her zur sicheren Hütte.

Lawinengefahr

Das übliche Schlittenhunderevier ist normalerweise kein Lawinengebiet. Gelände mit starken Hangneigungen sind für Mushing nämlich eher ungeeignet. Dennoch finden sich auch im Hochgebirge lohnende Touren. Hier ist ein sicheres Wissen über die lokale Lawinengefahr natürlich unbedingt Voraussetzung. Dazu eigenen sich Kurse des Deutschen Alpenvereins (DAV).

Verletzungen

Auf die üblichen Verletzungen, die beim Mushing möglich sind, einzugehen ist im Rahmen dieses Buches nicht möglich. Was jedoch einer kurzen Beleuchtung bedarf sind **Bissverletzungen,** deren Wahrscheinlichkeit bei Schlittenhundetouren doch größer ist.

Trotzdem die Hunde normalerweise freundlich gegenüber den Menschen sind, kann es in Stresssituationen wie Verwicklungen und Beißereien doch einmal zu einem Biss in menschliches Fleisch kommen. Bisswunden sind deswegen kritisch, weil sie sich häufig entzünden und durch zerrissene und teilweise abgerissene Hautteile zudem schlecht heilen. Gerade unscheinbare Wunden, die wenig bluten, können unter der Haut Eiterkammern bilden, die nach ein paar Tagen Probleme bereiten. Hier hilft es, die verschlossene Wunde immer wieder zu öffnen, damit sie von innen heilen kann. Ansonsten muss eine Bisswunde gründlich gereinigt werden, um die Anzahl der Bakterien so weit wie möglich zu reduzieren. Nach meinen eigenen Erfahrungen zeigt sich, dass häufiger Umgang mit Hunden den Körper an die Hundebakterien gewöhnt und so Infektionen eher selten sind.

◁ Kein Arzt weit und breit – wohl dem, der sich und den Hunden im Ernstfall selbst helfen kann!

Gefahren und Erste Hilfe für Hunde

Eine große Verantwortung obliegt dem Musher im Umgang mit seinen Hunden. Sie sind ihm anvertraut und er hat dafür zu sorgen, dass das Verletzungsrisiko minimiert und im Falle eines Falles eine bestmögliche Hilfeleistung geboten wird. Natürlich gehört auch hier viel Wissen dazu und für die Erste Hilfe am Hund eignet sich nichts besser als ein **Praxisseminar,** wie es z. B. vom Bayerischen Schlittenhundeverband (SSVB) oder von Schlittenhunde- oder anderen Hundeschulen angeboten wird.

Der Musher ist allein mit seinen Hunden **oft weit von der nächsten ärztlichen Hilfe entfernt.** Daher muss er in der Lage sein, in akuten Notsituationen selbst zu handeln! Zumutbar ist die Erstversorgung von Wunden, die Behandlung eines Schocks und das

Erkennen lebensbedrohlicher Situationen für den Hund. Die „Daten" eines gesunden Hundes sind folgende:

- **Puls:** 70–100 Schläge/Minute,
- **Atmung:** 10–30 Atemzüge/Minute,
- **Temperatur:** 37,5–39,2 °C.

Verletzungen

Die Behandlung grundlegender Erstversorgung ginge hier zu weit. Ich verweise auf entsprechende Literatur im Anhang und auf Kurse, wie sie von Verbänden und Schulen angeboten werden.

Schock

Der Schock ist ein häufiger Begleiter bei Notfällen, vor allem **bei starken Blutungen.** Dabei entsteht ein Missverhältnis von vorhandener zu erforderter Blutmenge. Um dies auszugleichen, erhöht der Körper die Herzfrequenz, reduziert den Aderquerschnitt, um den Druck aufrecht zu erhalten, und reduziert den Kreislauf auf die Kernzone, d. h. auf die lebenswichtigen Organe. Die Blutzufuhr zu den Extremitäten wird gedrosselt. **Symptome** sind demnach ein erhöhter Puls (bis zu 150 Schläge/Minute), eine verlängerte Rückfüllungszeit der Kapillaren an der Maulschleimhaut (weiß statt rosa), beschleunigte Atmung sowie kalte Gliedmaßen und Ohren.

   Ein Schock muss sofort behandelt werden! Dazu den Hund auf die Seite legen, den Kopf strecken und das Becken hoch lagern, indem man eine Decke o. Ä. unter den Körper schiebt. Blutungen sollten mittels Druckverband gestillt und eine weitere Auskühlung verhindert werden. So schnell wie möglich einen Tierarzt aufsuchen.

Allgemeine Gefahren und Vorsorge

Erste Hilfe beginnt mit der **Vorsorge zu Hause im Zwinger.** Ein gutes Zwingermanagement, die regelmäßige Reinigung der Hundeplätze (mindestens einmal täglich) und das regelmäßige Entwurmen und Impfen bilden die Grundlage für einen gesunden Hund.

Auch bei sorgfältiger Pflege muss man den nachfolgenden Bereichen besondere Aufmerksamkeit schenken.

Parasiten

Würmer

Würmer (Endoparasiten) fordern ganzjährig unsere Aufmerksamkeit. Gerade wenn viele Hunde aufeinander treffen, wie bei Rennen und vielbenutzten Trainingstrails, können Würmer und ihre Eier ausgetauscht werden. Wurmbefall zeigt sich nicht sogleich an prägnanten Symptomen. **Anzeichen** können sein: Erbrechen und Verdauungsstörungen (Durchfall, Darmverschluss bei Spulwürmern, struppiges, glanzloses Fell, Hautentzündungen, Lungen- und Herzprobleme). Auch die Übertragung auf den Menschen, insbesondere auf Kinder, darf nicht außer Acht gelassen werden.

Die Wadenstecherfliege (Stomoxys Calcitrans)

Diese Fliege gehört zu den Blut saugenden Stechfliegen und befällt speziell bei dicht behaarten Schlittenhunden deren dünn behaarte Ohrenspitzen, bei schlappohrigen Hunden auch deren Ohrfalte. Diese Fliege ist bei Rinder- und Pferdehaltern wohl bekannt und sieht der „normalen" Stubenfliege täuschend ähnlich. Sie fügt auch dem Menschen schmerzhafte Stiche zu. Bei manchen Tieren konzentrieren sich die Fliegen und können ganz **erhebliche Verletzungen** beibringen.

Die größte Gefahr geht allerdings von **Sekundärinfektionen** aus, wie Salmonellen, Colibakterien, Borrelien, Viren, Bakterien

Entwurmungsplan

Zu einer guten Prophylaxe gehören tägliches Kotentfernen und zwei- bis viermaliges Entwurmen pro Jahr. Die Wirkung kontrolliert man mit jährlichen Kotproben. Zuchthündinnen sollte man schon vor dem Deckakt gegen Spulwürmer entwurmen, während der Trächtigkeit und vor allem nach der Geburt im mindestens 14-tägigen Rhythmus zusammen mit den Welpen. Ansonsten eignen sich Frühjahr (April, Mai) und Spätsommer (August, September) zur Entwurmung. Bezüglich der vielen Präparate lässt man sich am besten vom Tierarzt beraten.

Gewöhnungseffekte an bestimmte Präparate soll es angeblich nicht geben, aber ich persönlich wechsle öfters, um dies auszuschließen.

und Pilzen. Auch Würmer können übertragen werden. Ganz abgesehen davon können die Hunde ziemlich nervös werden. Wirksam bekämpft werden kann die Fliege mit permethrinhaltigen Mitteln.

Zecken

Ab dem Wonnemonat Mai wird das Zeckenproblem akut. Gerade Hunde, die durch das hohe Gras noch ungemähter Wiesen laufen oder im Gesträuch stöbern, sind manchmal regelrecht mit Zecken übersät. Das wäre allein nicht so tragisch, würden die Zecken nicht auch **Krankheiten übertragen.** Bedeutsam sind die Borreliose und die Viren der Frühsommermeningoenzephalitis (FSME).

Borreliose bewirkt Gelenksentzündungen, Lahmheiten und Fieber, **FSME** Fieber. Borreliose lässt sich – rechtzeitig erkannt – durch Antibiotika behandeln, FSME nicht. Prophylaktisch wirken Zeckenabwehrmittel, am besten solche, die den Wirkstoff „Permethrin" enthalten. Auch Flöhe und die bei Welpen oft vorkommenden Haarlinge lassen sich damit vertreiben.

Findet sich doch eine Zecke, muss sie **möglichst stressfrei entfernt** werden, da sonst durch eine vermehrte Speichelausscheidung die Krankheitserreger erst recht in den Körper gelangen. Mit spitzen Fingern oder mit einer Zeckenpinzette drehend herausziehen.

Infektionskrankheiten

Auch bei bester Haltung sind Hunde durch Bakterien und Viren gefährdet. Einige dieser Erkrankungen sind nicht mit Antibiotika behandelbar oder deren Behandlung ist sogar verboten (Tollwut). Dagegen gibt es **Impfungen,** die nur der Tierarzt durchführen darf. Durch die Impfung wird das Tier immun gegen die Krankheitserreger. Für jede Erkrankung ist eine spezielle Impfung notwendig, es gibt aber Kombipräparate. Die Impfung muss **jährlich aufgefrischt** werden und die Tiere müssen vor der Impfung gesund und parasitenfrei sein. Gegen folgende Erkrankungen sind Impfungen erforderlich:

- **Staupe:** Eine hoch ansteckende Viruserkrankung. Sie tritt meist bei Welpen auf und verläuft in den meisten Fällen tödlich. Die Symptome können unterschiedlich sein: Durchfall, Lungenentzündung, krampfartige Zuckungen, Fieber, Augen- und Nasenausfluss.

- **Ansteckende Leberentzündung (hepatitis contagiosa canis):** Ebenfalls eine Viruserkrankung. Während erwachsene Tiere selten Krankheitsanzeichen zeigen, sterben Welpen oft sehr unvermittelt. Symptome sind Fieber, Appetitlosigkeit, blutiger Durchfall, starke Schmerzen in der Bauchhöhle und nervöse Störungen.

- **Leptospirose:** Sie wird durch Bakterien (Leptospiren) verursacht. Diese Krankheit kann auch auf den Menschen übertragen werden und wird durch infizierten Urin verbreitet (von Hunden, Mäusen, Ratten und anderen Tieren), aber auch über den Mund und durch Inhalation. Es kann die Niere infiziert werden oder die Leber. Symptome bei der Niere sind Fieber, Erschöpfung, Bauchschmerzen, Erbrechen und ein erhöhtes Trinkbedürfnis. Schließlich hören die Nieren auf zu arbeiten. Bei der Leber zeigt sich Fieber, ein Gelbwerden der Haut, Durst und blutiger Stuhl. Diese Krankheit kann schon wenige Stunden nach dem Auftreten der ersten Symptome zum Tod führen.

- **Parvovirose:** Hierbei handelt es sich um eine Virenerkrankung, die eine Darmentzündung verursacht. Symptome sind übelriechender, grauer Stuhl, teilweise mit Blut vermischt. Die Krankheit führt zu Herzentzündungen und kann besonders bei Welpen auch ohne vorheriges Auftreten der Symptome tödlich enden.

- **Tollwut:** Dies ist eine Virenerkrankung, die das zentrale Nervensystem angreift. Die Krankheit wird durch Speichel (Biss) übertragen und darf nicht behandelt werden. Das befallene Tier muss getötet werden. Die Symptome sind Unruhe, Scheu, Speichelfluss, heiseres Bellen und Beißwut. Die Krankheit kann depressiv und aggressiv verlaufen. Sie endet auch beim Menschen tödlich!

- **Zwingerhusten (Infektiöse Tracheobronchitis):** Hierunter versteht man eine hoch ansteckende Erkrankung des Atmungstraktes. Sie wird durch eine Mischinfektion von Bakterien und Viren verursacht und überträgt sich durch Tröpfcheninfektion (Husten, Niesen, …) von Tier zu Tier. Die Symptome sind trockener, hartnäckiger Husten mit Brechreiz. Fieber tritt meist nicht auf.

Die Krankheit kann zu Lungenentzündung und zum Tod führen. Einen hundertprozentigen Schutz gibt es nicht, ebenso wenig eine Behandlung. Eine Impfung wird nicht vorgeschrieben, ist aber sinnvoll, wenn man viel auf Rennen unterwegs ist.

Raufereien

Raufereien sind leider nicht immer zu verhindern. Rangkämpfe, läufige Hündinnen und Stress lassen leicht einmal die Sicherungen der Hunde durchbrennen. Wichtig ist ein **schnelles, energisches Einschreiten,** um größere Verletzungen zu vermeiden. Die Hoffnung, dass sich eine Rauferei von selbst erledigt, indem der Unterlegene dem Stärkeren die Kehle hinhält, ist in der Regel vergeblich.

Die Verletzungen sind meist **Bisswunden,** die in der Regel ohne weiteres Zutun von selbst heilen. Meist treten diese im Handgelenksbereich auf, an der Schnauze oder im Halsbereich. Gefährlich sind kleine Wunden, die nicht bluten, aber sehr tief und infiziert sein können. Hier hilft eine antibiotische Augensalbe, die man auf Grund der kleinen Kanüle tief in die Wunde einbringen kann. Größere Wunden muss man verbinden und eventuell nähen bzw. nähen lassen.

Durchfall

Durchfall ist für arbeitende Schlittenhunde eine schwerwiegende Erkrankung. Sie läuft mit großen Flüssigkeitsverlusten einher. Ein Hund mit Durchfall sollte vom Arbeiten befreit sein. Durchfall kann **viele Ursachen** haben: Wurmerkrankungen, Infektionskrankheiten, verdorbenes Fressen und – nicht zu vergessen – Stress.

Es ist immens wichtig, schon am Morgen bei der täglichen Zwingerreinigung festzustellen, wenn ein Hund Durchfall hat, um welchen es sich handelt. Dies ist bei Gruppenhaltung fast nicht möglich.

In der Regel heilt so eine Erkrankung innerhalb von zwei bis drei Tagen von selbst. Der Hund sollte fasten und nur klares Wasser zu trinken bekommen. Durchfall dient zur Beseitigung störender Stoffe aus dem Körper. Diesen **Selbstheilungsvorgang** sollte man nicht durch Medikamente stören! Dauert der Durchfall länger an oder gibt es weitere Symptome, wie bei den obigen Erkrankungen beschrieben, so sollte so bald wie möglich ein Tierarzt aufgesucht werden.

Gefahren unterwegs

Sport mit Hunden bringt auch für den Hund ein erhöhtes Risiko mit sich. Viele Verletzungen von Hunden sind **mangelnder Aufmerksamkeit, unkontrollierter Fahrweise oder falscher Streckenauswahl** des Mushers zuzuschreiben. Man sollte sich daher gut überlegen, welche Gespanngröße sich in welchem Gelände noch beherrschen lässt. Ein großes Verletzungsrisiko bilden wilde Bergabfahrten, vor allem für die Schultern der Hunde.

Verletzungen

Krallen

Krallen können **reißen oder brechen,** besonders wenn sie zu lang sind. Krallen müssen regelmäßig kontrolliert und bei Bedarf mit einer Krallenzange gekürzt werden. Risse können quer und längs erfolgen. Oberflächliche Einrisse in Längsrichtung können mit Superkleber verklebt werden. Beim Bruch der Kralle oder bei Querrissen muss die Kralle am Bruch geschnitten und die Blutung gestillt werden. Durch bakterielle Infektionen können Nagelbettentzündungen auftreten.

⬆ Wichtig: Die regelmäßige Kontrolle der Pfoten, um Verletzungen (unten) schnellstmöglich behandeln zu können

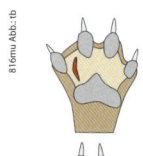

Ballen

Die Ballen sind der **am meisten belastete Bereich** des Hundes. Deren Qualität ist abhängig von Zucht, Fütterung und Training. Verletzungen (Risse, Abschürfungen) können direkt auf der Ballenhaut auftreten, vor allem bei harten Trails und im Herbsttraining (Schotterwege). Durch Eisklümpchen oder harte Schnee-kristalle können kleine Risse (sogenannte *cuts*) auch auf der Zwischenballenhaut entstehen und sich entzünden. Das wird oft übersehen. Daher ist es wichtig, die Zehen zu spreizen und die Zwischenballenhaut zu kontrollieren. Verletzungen können mit Lebertranzink- oder Betaisodonasalbe behandelt werden, die antibiotische Zusätze oder Dexmethasonzusätze enthalten. Prophylaktisch kann man vor dem Lauf Pfotensalbe auftragen oder Booties anlegen.

Problematische Schneeverhältnisse sind: granulierter oder vereister Schnee (Pfotenerosion, Verletzungen), trockener und pulveriger Schnee (Geweberisse, Bandverletzungen im Zehenbereich), hart gepackter Schnee (Schwellungen, Schmerzen an den Pfoten).

Gelenke, Bänder und Schulter

Es würde hier zu weit gehen, alle möglichen Verletzungen aufzuführen. Grundsätzlich können **an allen Gelenken und Bändern** Schäden durch Überbelastung oder Fehltritt entstehen. Oftmals gehen Fahrfehler einer Verletzung voraus. Eine sichere, beherrschte Fahrweise ist immer noch der beste Schutz vor Verletzungen.

Dies zählt auch für die **Schulter,** ein Gelenk, das speziell bei Bergabfahrten großen Belastungen ausgesetzt ist. Neben Zerrungen und Muskelfaserrissen kann es auch zu einer Entzündung des Schleimbeutels kommen. Wie bei anderen Gelenken auch

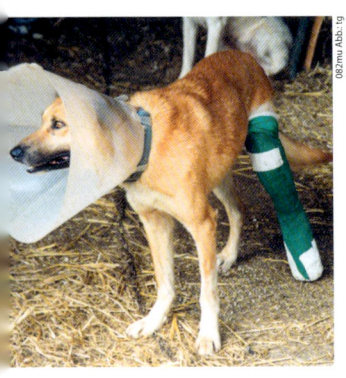

beginnt der Hund zu lahmen. Bei Schulterzerrungen sollte man den betroffenen Bereich warm halten und mit einer entzündungshemmenden, durchblutungsfördernden Salbe einreiben. Schulterverletzungen sind immer langwierig, da das Gelenk nicht ruhig gestellt werden kann. Verletzungen dieser Art gehören daher in die Hand eines Tierarztes.

082mu Abb.: tg

◁ Ein operierter Achillessehnenabriss

Überhitzung (Hyperthermie)

Hunde besitzen außer an den Ballen keine Schweißdrüsen und können nur über die Zunge abhecheln. Bei einer **ungünstigen Konstellation von körperlicher Belastung, hoher Außentemperatur, hoher Luftfeuchtigkeit und Stress** kann es zu einer Überhitzung kommen. Die normale Körpertemperatur des Hundes liegt bei 38–39 °C, während des Trainings kann eine Temperatur von bis zu 41 °C erreicht werden, die aber nach maximal 30 Minuten wieder den Normalwert erreicht haben sollte.

Symptome für eine Überhitzung sind eine erhöhte Herzfrequenz, das Atmen mit weit geöffnetem Maul, schnelles Hecheln, ein schwankender, unsicherer Gang, eine durchhängende Leine, Durchfall, Erbrechen und die Tatsache, dass sich die Herzfrequenz nach 30 Minuten nicht stabilisiert. Die Folgen können sein: völliger Zusammenbruch, **Volumenmangelschock,** Nierenversagen sowie Gerinnungsstörungen.

Bemerkt der Musher, dass ein Teammitglied überhitzt ist, sollte er unverzüglich stoppen und den betreffenden Hund ausspannen. Mit Schnee oder Wasser insbesondere den **Nacken- und Bauchbereich kühlen.** Der Hund muss unbedingt zum Tierarzt, da durch geronnenes Eiweiß der Stoffwechsel in den Zellen erheblich gestört sein kann. (Es besteht Lebensgefahr!)

Volumenmangelschock

Dieser Begriff benennt einen Körperzustand, der durch starke Blut- oder Flüssigkeitsverluste ausgelöst wird. Symptome sind u. a. ein schneller, schwacher Puls, kühle und blasse Haut und Durst.

Dehydration

Arbeitende Schlittenhunde haben einen Flüssigkeitsdurchsatz von ca. 6 l/Tag. Zum Vergleich: Ein ruhender Hund benötigt ca. 1,5 l/Tag. Schon ein relativ geringes Defizit in der Wasseraufnahme (ab 10 %) kann zu einem großen körperlichen Flüssigkeitsdefizit führen. **Symptome** können leicht übersehen oder falsch interpretiert werden. Es sind dies: Lustlosigkeit, depressives Verhalten, Essensverweigerung, trockene Maulschleimhäute, starke Müdigkeit (der Hund zieht nicht mehr!), geringe Hautelastizität **(Zelttest).**

Gefahren und Erste Hilfe für Hunde

Hydrierte Hunde urinieren eigentlich immer eine große Menge hellen Urins, wenn sie nach einer Ruhepause aufstehen. Bei dehydrierten Hunden kann es dagegen sein, dass sie gar nicht urinieren und wenn, dann finden sich kleine Mengen dunklen Urins dabei. Das sicherste Anzeichen für einen dehydrierten Hund ist die **Herzfrequenz** nach einer etwa einstündigen Ruhepause. Leichte Dehydration (= 100–140 Schläge pro Minute) kann noch durch Wärme, Ruhe und viel Trinken behoben werden. Schwere Dehydration (= ab 140 Schläge pro Minute) erfordert einen intravenösen Ersatz der Flüssigkeit mit fünfprozentiger Glukoselösung. Subkutane Injektionen helfen nicht, hypertonische Lösungen (z. B. Kochsalz) dürfen nicht verabreicht werden, sie eine weitere Austrocknung bewirken. Eine unzureichende Behandlung kann Muskelschäden, Schock und Nierenversagen bewirken.

Transport von verletzten oder erschöpften Hunden

Verletzte, kranke und erschöpfte Hunde müssen zur nächsten Zivilisation oder zum Auto gebracht werden, bei Rennen ins Ziel bzw. zum Checkpoint. Dies geschieht meist im **Transportsack des Schlittens,** der ja Lüftungsgitter hat. Ist ein Hund verletzt, kann sich das Verladen zu einer komplizierten Sache entwickeln! Sinnvoll ist eine Befestigungskette im Schlittensack, da das Fahren mit einem tobenden Hund im Sack nicht gerade einfach ist.

▷ „Was denn, da soll ich rein?" Nicht jeder Hund lässt sich leicht in den Transportsack stecken.

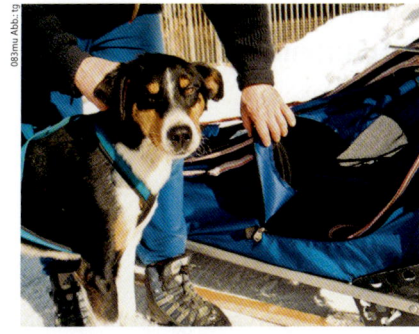

▷ Und ab in die gute Stube!

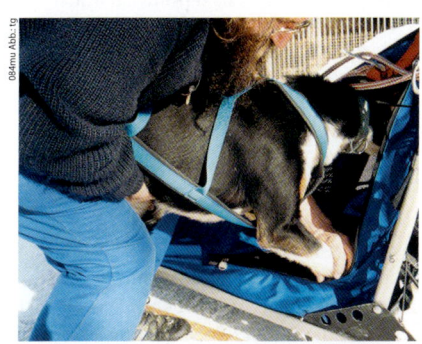

▷ „Ist ja eigentlich doch ganz gemütlich hier drinnen!"

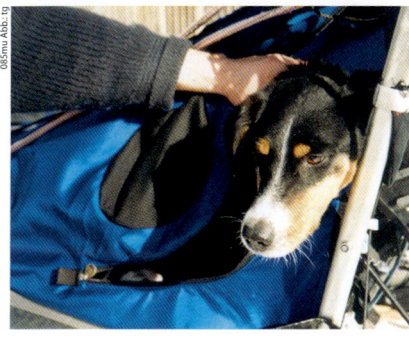

Empfehlungen für eine Schlittenhundeapotheke

Die Grundausstattung
- Fieberthermometer
- Schere
- Krallenzange
- kleine Pinzette
- passende Anzahl Booties

Für die Augen und die Augenumgebung
- Augensalbe, z. B. Terramycin u. a.
  Hat den Vorteil, dass man gleichzeitig kleine Verletzungen (Biss, Riss) damit versorgen kann.

Für die Ohren
- Ohrentropfen, z. B. Surolan oder Panalog
  Damit ist auch eine Ekzembehandlung möglich.

Zur Wundreinigung
- Wasserstoffperoxid, 1–3 % Lösung
- Tupfer oder Verbandswatte
- Aethacridinlösung ist ebenfalls möglich.
- Gentamycin (2,5–3 mg) Augensalbe für Einbisse (enge Bisskanäle) und kleinere Pfotenverletzungen

Zur Blutstillung
- z. B. Gelasponschwamm
- feste Kompressen, festes Verbandsmaterial, kleines Holzstück, um notfalls einen Druckverband vornehmen zu können
- Alflexbinden (in verschiedener Breite) und Rollenpflaster

Bei Magen-Darm-Infektion
- Aktivkohle oder
- Kohletabletten
- Tabletten gegen Durchfall, z. B. Tannalbin, Diatabs (pflanzliches Regulierungsmittel mit Elektrolyten), Enteritistabletten

Empfehlungen für eine Schlittenhundeapotheke

Bei Husten
- Bromhexintabletten, z. B. Bisolvon
- auch Hustensaft, z. B. Fluimucilsaft für Kinder
  oder ACC-Kindersaft

Bei Erbrechen
- Tabletten gegen Erbrechen, z. B. MCP - Tabletten

Bei fieberhafter Infektion
- Antibiotika in Form von Tabletten, z. B. Clamoxyl
  oder Baytril 150 mg
  Mindestens drei Tage geben!

Bei Flüssigkeitsverlust
- Elektrolyte bei starkem Flüssigkeitsverlust in Form von Durchfall
  oder Erbrechen, z. B. Effydral-Tabletten, Lytafit, Elotrans,
  Life-Guard u. a.

Salben
- Kühlsalbe, z. B. Eudermatan
- Lebertranzinksalbe
- entzündungshemmende Salbe, z. B. Kampfer
- Zugsalbe, z. B. Ung. Ichtiol. 20 %

Für den Kreislauf
- Effortiltropfen
  (Nur im Bedarfsfall, am Körper mitführen – Frostgefahr!)
  Achtung! Dopingrichtlinien beachten!

Für die Pfoten
- Pfotenfett, wie Vaseline mit Bienenwachs, z. B. Pascha
- Druckstellenpflaster von Scholl oder Gewohl
  in Kombination mit Sekundenkleber und Booties

Alle Sachen kommen natürlich griffbereit und übersichtlich verstaut in ein ordentliches Behältnis, an das man bei Bedarf schnell
herankommt.

Reisen mit dem Hunde- schlitten

◁ Pause auf dem Weg nach Norden: Die Hunde können sich austoben.
(131mu Abb.: tg)

Fortbewegung mit Schlittenhunden

Die ursprüngliche Bedeutung der Schlittenhunde liegt in ihrer Funktion als **Fortbewegungsmittel.** Die meisten Schlittenhunde werden heute wohl im Rennsport eingesetzt oder zumindest ähnlich wie beim Rennen bewegt. Das heißt, die Hunde laufen relativ kurze Strecken von 5 bis 30 km mit wenig Last und werden dabei häufig durch den Musher unterstützt, der sportlich hinter dem Schlitten herläuft, um schneller zu sein. Beim Reisen ist das natürlich nicht der Fall, obwohl steile Anstiege und Tiefschnee konditionell ebenso anstrengend sein können.

Die **Arbeitshunde** der antarktischen Forschungsstationen wurden aus Naturschutzgründen leider vom Eiskontinent verbannt. Doch auch heute gibt es Völker, die Hunde zum Arbeiten verwenden, so z. B. die Korjaken, Tschuktschen oder Samojeden in Sibirien. Auch bei den Inuit soll es eine Rückbesinnung auf alte Traditionen geben.

Es gibt einige Musher, die dem Reiz des Reisens mit dem ursprünglichsten Fortbewegungsmittel der Welt nicht widerstehen können wie bspw. Will Steger, Joe Henderson oder Björn Klauer.

Landschaftlich prädestiniert sind die großen Weiten des arktischen Nordens in **Alaska** und auch **Kanada** und **Sibirien.** Im

⌃ Korjakisches Gespann in der unendlichen Weite Kamtschatkas

kleineren Stil kann man eine Reise mit dem Hundeschlitten aber auch in **Nordeuropa** realisieren. Seitdem die Grenzen nach Finnland, Norwegen und Schweden mehr oder weniger problemlos mit Hunden überquert werden können, steht einem Ausflug in die nordischen Gebirge *(fjäll)* oder die Tundra nichts mehr im Wege. Auch in **Deutschland** kann man Mehrtagestouren durchführen. Für die meisten Musher und solche, die es (wenigstens zeitweise) werden wollen, sind die nördlichen Gefilde allerdings attraktiver. Eine Öffnung der russischen Grenze wäre natürlich ein Traum ...

In Norwegen und vor allem in Schweden und Finnland findet man ein beinahe unüberschaubares **Winterwegenetz,** das vor allem dem Scooterverkehr (Motorschlitten) zu verdanken ist. Diese Wege sind in guten topografischen Karten (z. B. Fjällkartan) oder in speziellen Scooterkarten verzeichnet. So lassen sich längere Touren vorab schon einmal grob planen. Trotzdem ist es unumgänglich, vor Ort nähere Informationen einzuholen: Sind die Trails mit Hunden befahrbar? Sind Rentierherden am Weg? Wie ist die Qualität des Eises auf Flüssen und Seen, da diese doch einen erheblichen Teil der Strecken ausmachen? Der Anfänger kann sich auch einer der zahlreichen Touren anschließen, die von diversen Veranstaltern in allen Schwierigkeitsstufen und Längen angeboten werden, bis hin zu mehrwöchigen Expeditionen (siehe die Veranstalterliste ab Seite 164). Je nachdem ob man mit dem Zelt unterwegs ist oder in Hütten nächtigen möchte, hat man entsprechendes Equipment dabei. Die Schlitten sind also meistens schwer beladen und erfordern gut trainierte Hunde und eine gute Fahrtechnik des Schlittenhundeführers.

Überprüfen wir zunächst die **Ausrüstung,** die man für ein solches Unternehmen, bei dem man mehrere Tage autark unterwegs ist, benötigt:

Schlitten und Zubehör

Von den zur Verfügung stehenden Schlittentypen ist für unsere Zwecke ein **Toboggan** oder ein **Alaskaschlitten** mit mindestens 1,5 m Ladefläche notwendig. Damit der Schlitten nicht zu lang ist, kann man auch einen **Trailer** anhängen. Darin kann man voluminö-

⌂ Schlitten mit Anhänger (Trailer)

⌂ Kufenbremse, einzeln bedienbar

⌂ Die Hunde sind windgeschützt
am Stake-out

se, aber leichte Ausrüstungsgegenstände wie Isomatten oder Hundedecken unterbringen. **Holzbauweise** ist von Vorteil, da der Schlitten wesentlich einfacher repariert werden kann. Der Schlitten sollte mit Wechselbelägen ausgestattet sein und einen Packsack mit möglichst vielen Extrataschen haben, gut dimensionierte **Bremsen** mit Bremsmatte, einen guten, stabilen **Schneeanker** (besser zwei), eine **Befestigungsleine** und eventuell eine **Kufenbremse,** die das Fahren auf seitlich hängenden Trails mit beladenem Schlitten erleichtert, zwei Paar Ketten, die lang genug sind, um diese um die Kufen zu wickeln, für steile Bergabfahrten. Als Zugleine sollten wir unbedingt eine mit Stahlseilinlett verwenden, eventuell so modifiziert, dass man diese auch als Stake-out verwenden kann. Trotzdem ist ein separater Stake-out keine schlechte Lösung, da er mehr Flexibilität bietet. So kann man in bewaldeten Gebieten die Stake-out-Leine abseits des Trails an Bäumen befestigen oder die Hunde in windgeschützten Arealen parken. Zum **Befestigen des Stake-out** dient entweder der Schlitten selbst, ein vorsorglich mitgenommener weiterer

☝ Stake-out mit Kunststoffschneeanker

Schneeanker, ein vergrabenes Stück Holz (kann man auch gleich zum Aufwickeln des Stake-out benutzen) oder eine Art Kunststoffschneeanker, wie bspw. von der Firma Kong angeboten, leicht und doch robust. Weitere unerlässliche **Grundausrüstungsgegenstände** sind Schneeschuhe (der Schnee abseits befahrener Trails ist oft sehr tief und von einer zuckerartigen Konsistenz, der ein Laufen ohne Schneeschuhe unmöglich macht), eine Axt, evtl. eine Klappsäge und eine Schneeschaufel. Je nach Gelände und Vorbelastung des Schlittens ist es sinnvoll, ein Paar Reservebeläge mitzunehmen.

Ausstattung der Hunde

Für die Hunde benötigen wir **Zuggeschirre** nebst Reservegeschirren und **Booties** (s. S. 73). Sinnvoll sind zwei Paar Booties pro Hund, wobei dies natürlich abhängig von den Trail- und Temperaturverhältnissen und der Pfotenqualität der Hunde ist. Des Weiteren benötigen wir **Decken** für die Hunde über Nacht (und bei extremen Verhältnissen auch während der Fahrt), um sie vor Wind zu schützen und um Energie zu

☝ Zusätzlich geschützt durch eine isolierte Hundedecke genießt der Husky den Schneesturm

Ausstattung der Hunde

108mu Abb.: tg

⌃ Ein Pullover verhindert das Wundlaufen unter den Achseln

109mu Abb.: tg

⌃ So ist der Hund gut geschützt

110mu Abb.: tg

⌃ Das gefrorene Fleisch muss erst kleingehackt werden, bevor mit heißem Wasser überbrüht wird

sparen. Sollte sich ein Hund unter der Achsel wundlaufen (Geschirrbrand), helfen Unterziehpullover. Spezielle Transportsäcke ermöglichen es, einen verletzten oder erschöpften Hund auch auf einem gepackten Schlitten zu transportieren. Eine kleine **Hundeapotheke** ist ebenfalls ratsam, zumindest Pfotensalbe (z. B. Peers Ointment o. Ä.), Salbe bei Zerrungen (z. B. Algyval), Antibiotika (z. B. Amoxiclav 200), Schmerzmittel (z. B. Caprotab 100), Nadel und Faden oder Klammerzange für Bisswunden nach Raufereien.

Natürlich benötigen wir **Hundefutter.** Dabei bleibt es dem Geschmack und der Erfahrung des Mushers überlassen, ob Fleisch oder Trockenfutter verwendet wird. Generell ist Fleisch schmackhafter und enthält zudem die dringend benötigte Flüssigkeit, ist aber schwerer. Trockenfutter gibt es in sehr guter Qualität. Dieses ist leichter und Wasser gibt es in Form von Schnee. Aber es ist geschmacklich nicht jederhunds Sache und fraglich, ob die benötigte Flüssigkeit ausreichend aufgenommen wird.

Ein guter Kompromiss ist deshalb, etwa 50 % Fleisch und 50 % Trockenfutter mitzunehmen. Bei Fleisch rechnet man ca. 1 kg pro

⌃ Zubereitung des Hundefutters mit geschmolzenem Schnee im Thermosbehälter

Hund und Tag, bei Trockenfutter ca. 200 g pro Hund und Tag. Fleisch ist im Winter problemlos erhätlich, man bekommt es in der Regel als gefrorene Platten von 10 bis 20 kg. Zum Füttern muss man es lediglich kleinhacken und auftauen, dazu benötigt man heißes Wasser. Nächtigt man in Hütten, so kann man die vorhandenen Öfen nutzen. Nächtigt man im Zelt, so benötigt man einen speziellen Kocher, am besten mit Spiritus betrieben. Man kann das Fleisch auch gefroren füttern (manche Hunde bevorzugen dies sogar), dabei geht allerdings wertvolle Energie verloren. Das **Wasser** bekommt man aus offenen

⌃ Die Kinder haben Spaß beim Wasserschöpfen

⌃ Wasser aus Bächen ist Luxus

Wasserstellen (viele Hütten unterhalten ein Eisloch) oder durch geschmolzenen Schnee (der eher langwierige und Brennstoff fressende Weg). Behältnisse zum Wasserholen sind in Hütten meistens vorhanden, beim Campingtrip lohnt sich ein Eimer oder ein ähnliches Schöpfgerät. Nach dem Erhitzen des Wassers taut man das Fleisch am besten in einem Thermobehälter auf, sonst gefriert es gleich wieder. Dabei kann man es gleich noch, falls gewünscht, mit Trockenfutter vermischen.

⌃ Erstaunlich, mit welcher Leichtigkeit ein Husky den Wasserkanister schleppt

Die Hunde müssen natürlich auch ihr Geschäft verrichten und es sollte selbstverständlich sein, dass man am Stake-out-Platz die **Hinterlassenschaften** entweder etwas abseits vergräbt oder in Müllsäcken sammelt. Von manchen Hüttenbesitzern wird dies erwartet. Dafür braucht man sehr stabile Müllsäcke, die nicht gleich reißen. Eine separate Schaufel nur zum Kotsammeln ist sicherlich sinnvoll.

Persönliche Ausrüstung

Für sich selbst muss man natürlich auch sorgen. In den nördlichen Breiten kann es auch im Spätwinter noch empfindlich kalt werden, insbesondere oberhalb der Baumgrenze durch die immer wehenden Winde. **Polartaugliche, wind- und wasserdichte Kleidung** ist hier ein Muss. Viele gewerbliche Veranstalter stellen diese ziemlich teuren Ausrüstungsgegenstände (die äußere Hülle) während einer Tour zur Verfügung oder man kann sie dort ausleihen. Eine **zweite Garnitur Kleidung,** wasserdicht verpackt im Schlitten, gehört auch dazu, denn trotz aller Vorsicht kann es sein, dass man ins Wasser einbricht oder im Schneematsch eines „Overflows" durchnässt wird. Ein **Poncho** im Stile der Militärponchos ist ein unvergleichliches und leichtes Universalhilfsmittel. Eine **Skibrille** im Sturm schützt die Augen, eine **Sturmhaube** das Gesicht. Ein **polartauglicher Schlafsack** ist ebenfalls nützlich, da man nie weiß, ob man die nächste Hütte rechtzeitig erreicht oder eventuell unterwegs biwakieren muss. Ebenfalls unerlässlich ist eine **Stirnlampe** mit Reservebatterien. Sie sollte ein sehr starkes Licht ausstrahlen, da man unter Umständen auch nachts fahren muss (oder will). Auch wenn man nur 4 bis 6 Stunden Fahrt als Tagesetappe plant, kann etwas dazwischen kommen. Eine **Thermoskanne** mit heißem Tee oder Suppe bringt bei unerwarteten Vorkommnissen oder schlechtem Wetter die Lebensgeister wieder auf Touren.

115mu Abb.: tg

⌂ Nachtfahrt unter Sternenhimmel

Beispiel einer Packliste für eine 5-Tagestour in der Tundra mit 8 Hunden

Artikel

Schlitten und Zubehör

	kg
■ Tourenschlitten, Holz	25
■ Packsack	2,5
■ Schneeanker, 2 Stück	3,5
■ Befestigungsleine	0,4
■ Reservebeläge, 1 Paar	1,2
■ Reperaturholz, 2 Stück	0,4
■ Schneeschuhe	2,2
■ Schneeschaufel	0,8
■ Notfallbox	2
	38

Hundezubehör

■ Hundedecken, 8 Stück	4
■ Booties	1
■ Erste Hilfe Paket	2,5
■ Hundetransportsack	0,8
■ Stake-out	2,7
■ Schneeanker Plastik, 3 Stück	1
■ Zugleinenersatzteile	1
	13

Camping (fakultativ)

■ Isomatte	0,8
■ Zelt	7
■ Ofen mit Rohr	13
■ Kocher für das Hundefutter	2,2
■ Spiritus 6 l	6
■ Brikettes o. Ä.	5
	34

Beispiel einer Packliste

Persönliches	**kg**
● Schlafsack	2,2
● Überjacke	1,6
● Reservekleider	7
● Reserveschuhe	1,5
● Thermokanne	1,2
● Satellitentelefon	2
● Solarpanel mit Reserveakkus	1,5
	17

Lebensmittel	
● Gewürze	2
● Lebensmittel	15
	17

Hundefutter	
● Fleisch	40
● Trockenfutter	10
	50

Summe	169
● Musher voll bekleidet	90
	259

⌃ Bereit für eine lange Campingtour in die Tundra Lapplands

116emu Abb. tg

▲ Noch ist der Wegweiser sichtbar ...

Orientierung

Obwohl die Hauptwanderwege in der Regel sehr gut markiert sind (rote Kreuze an 2 m hohen Stangen) sollte man darauf vorbereitet sein, sich unabhängig davon orientieren zu können. Selbst die nur 50 m auseinander stehenden Markierungen können bei entsprechender Wetterlage schlecht sichtbar sein! Auf den häufig vorkommenden See- und Flussüberquerungen befinden sich lediglich Markierungen mit Ästen, die auch mal fehlen können. Auch dass die Markierungen zugeweht sind oder ganze Wegweiser im Schnee verschwinden, kommt vor. **Eine gute Karte** (in Schweden Fjällkartan, meist 1:100.000, in Norwegen Turkart oder Fjellkart, 1:50.000 bzw. 1:100.000) und **ein guter Kompass** sind deshalb unverzichtbar! Orientierung mit Karte und Kompass ist mit einem Schlittenhundegespann allerdings ziemlich mühselig. Ein **GPS-Navigationsgerät** macht die Orientierung, vor allem auf dem fahrenden Gespann, wesentlich leichter und hilft auch im schlimmsten Sturm, eine einsame Hütte zu finden. Allerdings sollte man bedenken, dass die batterie- oder akkubetriebenen Geräte meist sehr schnell entladen sind, wenn man sie in Wind und Kälte ausserhalb der Hosentasche benutzt (und genau da braucht man sie ja). Die optimistisch klingenden Laufzeiten von acht und mehr Stunden verkürzen sich so manchmal auf unter eine Stunde! Hier sollte man Reservebatterien dabei haben, vorausgesetzt, die Batterie des Gerätes lässt sich überhaupt wechseln. Eine andere Möglichkeit bietet ein Solarpaneel, das man gut auf dem Schlitten aufspannen und das GPS-Gerät über einen Pufferakku gleich daran betreiben kann. Erfahrungsgemäß sind die GPS-Geräte relativ störanfällig und einige unfreiwillige Übernachtungen in Schneehöhlen gehen auf deren Versagen zurück. Ein zweites Gerät als Backup ist schon fast ein Muß!

▷ Fertig gepackter Schlitten mit Schneeschuhen und Solarpanel

Übernachtung

Am komfortabelsten ist es, **in Hütten** zu übernachten. Im schwedischen Fjäll gibt es ein gut ausgebautes Netz von Hütten des Schwedischen Turistföreningen Vereins (STF). Die Hütten befinden sich in Abständen von 10 bis 20 km entlang der markierten Hauptwege. Hier ist man Mushern gegenüber meistens sehr aufgeschlossen. Die meisten haben einen Platz fürs Stake-out, oft gibt es eine Sauna und einen kleinen Shop. Auf der norwegischen Seite gibt es ebenfalls markierte Winterwanderwege und Hütten des Norwegischen Verbandes DNT. Viele dieser Hütten sind unbewirtschaftet und benötigen einen Schlüssel, den man als Mitglied des STF oder DNT entweder vor Ort auf einer Hütte oder vorab per Post bekommen kann. Es lohnt sich, Mitglied zu werden,

⌃ Eine einfache Hütte im norwegischen Fjäll

Übernachtung

119mu Abb. tg

▱ Vater und Sohn beim Holzmachen

120mu Abb. tg

▱ Gemütlichkeit in einer Samenhütte

121mu Abb. tg

▱ Romantische Hütte in Lappland

nach 3 Übernachtungen hat man den Mitgliedspreis bereits ausgeglichen. Bei allen Hütten sind **Gas- und/oder Holzversorgung** inbegriffen, Holz meist in der Langversion, sodass nach einem anstrengenden Tourentag noch ein kleiner Workout ansteht. Allerdings steht zum Starten in der Regel ein Vorrat an vorbereitetem Holz inklusive Anzündmaterial zur Verfügung. Man erwartet aber auch, dass dieser Vorrat beim Verlassen der Hütte wieder aufgefrischt wird.

In der **Tundra** sind die **Hütten** dagegen fast immer **privat** und man muss sie bei Ortsansässigen oder von Touranbietern mieten. Meist werden sie pauschal vermietet, nicht nach Personenanzahl. Dafür hat man die Hütte dann für sich und kann sich fühlen wie auf einer Insel im Schneemeer.

Unabhängig ist man, wenn man **Campen** will. Eine Nacht im Zelt unter klarem, kaltem Ster-

⊡ Ein Traum von einem „Campingplatz"

nenhimmel, vielleicht sogar mit Polarlicht, ist ein unvergleichliches Erlebnis (der Himmel ist hier tatsächlich näher!). Dazu benötigt man aber einiges an **Ausrüstung.** Da wäre zunächst das **Zelt.** Hier ist ein winter- und sturmtaugliches Kuppel- oder Tunnelzelt die einfachste und leichteste Variante. Ein tipiähnliches Baumwollzelt, wie sie beispielsweise von der Firma Tentipi angeboten werden, bietet allerdings wesentlich mehr Komfort und in Verbindung mit einem **transportablen Ofen**

⊡ Frühstück im beheizten Zelt

kann man auch längere Schlechtwettertage überstehen. Diese Zelte sind überraschend schnell aufzustellen, haben keinen bzw. einen einknöpfbaren Boden (sehr von Vorteil, wenn schmelzender Schnee von Kleidung und Schuhen tropft oder das Kaffeewasser umkippt). Zum **Befestigen des Zeltes** kann man Holz (auch Pickel, Rucksack o. Ä.) quer zur Zugrichtung im Schnee vergraben (System toter Mann) oder möglichst breite Schneehaken verwenden, wie sie beispielsweise im Sand benutzt werden. Es gibt auch praktische Schneeanker von der Firma Kong, die sehr gut halten. Diese

Die Grube für das Zelt ist fertig

sind auch zur Befestigung des Stake-out brauchbar. Ein kleiner Vorrat an kleingehacktem **Holz, Papierbriketts o.Ä.** sowie etwas Birkenrinde, um das Feuer zu starten, hilft, wenn es mal eilen sollte oder gerade kein Totholz zum Verheizen da ist.

Beim **Aufbau der Zelte** sollte man beachten, dass diese mit dem Eingang zur windabgewandten Seite stehen, damit der Eingang nicht zugeweht werden kann. Ein Windschutz um das Zelt schadet ebenfalls nicht. Da Schnee durch Wärme schmilzt, ist es besser, das Zelt einzugraben (am besten bis auf den Boden), sonst sinkt man im Laufe der Nacht immer weiter nach unten, speziell, wenn man im Zelt heizt.

Für die **Hunde** ist das Campen kein Problem. Dank ihres dichten Fells und dem Umstand, dass sie keine Schweißdrüsen besitzen, können sie sich einfach in den Schnee legen und schlafen – welch ein Luxus! Allerdings sollte man dafür sorgen, dass sie auch bei schlechtem Wetter komfortabel liegen können. Ab einer gewissen Stärke bläst der Wind auch durch das dichteste Huskyfell und die Hunde verbrauchen unnötig Energie. Es hilft, **Schutzmauern aus Schnee** als Windbrecher zu bauen. Gräben auszuheben, hat oft nicht den gewünschten Erfolg, weil die Hunde gern etwas sehen und versuchen, sich dann auf irgendeinen höhergelegen Schneebrocken zu legen. Die Hunde lassen sich gern einschneien und haben es im Inneren ihrer Iglus gemütlich warm und windstill. Hier darf man nicht den Fehler machen, sie dauernd aufzuschrecken, da sie dann jedes mal aufs Neue kalt und eventuell nass werden.

Ein Groundstorm treibt den Schnee über die waldlose Tundra

Verpflegung

Nicht nur die Hunde wollen essen, auch der Musher selbst muss sich ernähren. Am einfachsten, aber teuersten ist sicherlich **Outdoor-Fertignahrung**, geschmacklich allerdings ein No-Go. Ein Schlittenhundegespann bietet die Möglichkeit, sich kulinarisch etwas hochwertiger zu versorgen. **Fleisch, Fisch und Frostgemüse** lassen sich leicht transportieren, da die Außentemperaturen meist im Frostbereich liegen. Genau aus diesem Grund sind wasserhaltige Lebensmittel fehl am Platz. Milch, Eier und Obst sind gefroren nicht mehr besonders

▱ Der Autor beim Fladenbrotbacken

schmackhaft. Man sollte diese Lebensmittel besser **in getrockneter Form** mitführen, ebenso wie Mehl, Reis und Nudeln. Das spart Gewicht und Wasser ist ja überall in Unmengen vorhanden, wenn auch gefroren oder als Schnee. Auch Gewürze sind sehr leicht. Da die Winternächte lang sind, steht einem ausgiebigen Abendessen nichts im Wege, ebenso wie einem frisch gebackenen Brot zum Frühstück.

Fahrtechnik mit beladenem Hundeschlitten

Wie bereits im Kapitel Fahrtechnik (s. S. 88) angedeutet, lässt sich ein beladener Schlitten nicht mehr so einfach steuern, wie ein leerer Schlitten. Wir haben, wenn wir den Schlitten mit allen notwendigen Dingen und Futter für 6 Tage beladen haben, ein Schlittengewicht (ohne Musher) von ca. 170 kg (s. a. Gewichtstabelle Seite 146). Wenn man den beladenen Schlitten bewegen möchte, wird man feststellen, dass dies nicht ohne Weiteres möglich ist.

Wie die Hunde es schaffen, dieses Gewicht ohne mit der Wimper zu zucken mehrere Stunden durch die Lande zu schleppen, nötigt mir jedes Mal den allerhöchsten Respekt ab.

Zuallererst zählt auch hier das Gebot, trotz des Gewichts **mit angezogener Bremse** loszufahren, um die Hunde in den maximal kräfteschonenden Wolfstrott zu bekommen. Je nach Trainingszustand der Hunde und auf gutem Trail entspricht dies einer Geschwindigkeit von 12 bis 16 km/h. Bei weichem Trail ist die Geschwindigkeit logischerweise geringer. Die oft harten und flachen Trails auf den zugefrorenen Seen und Flüssen lassen Musher leicht euphorisch werden und man lässt die Hunde zu schnell laufen. Schon ein halber km/h über dem Laufvermögen der Hunde führt nach 1 bis 2 Stunden zu einem deutlichen **Leistungsabfall.** Also zu Beginn lieber etwas langsamer fahren.

Die Weiten des Nordens bestehen nicht nur aus Seen und Flüssen, auch hier gibt es **bewaldete Gebiete, hohe Berge und steile Uferböschungen.** Kurvenfahrtechnisch sieht es jetzt so aus, dass Gewichtsverlagerungen nicht effektiv genug sind. Man muss hier mehr mit Geschwindigkeit arbeiten, d. h. vor den Kurven Speed rausnehmen und in der Kurve beschleunigen. Bei engen Kurven funktioniert Aufkanten leider oft nicht mehr, dafür gibt es eine Technik, die sich „Außenausleger" nennt. Dabei wird der kurvenäußere Fuß außerhalb der Kufe in den Schnee gepresst, um den Schlitten nach außen zu ziehen. Das sieht gewagt aus, funktioniert aber erstaunlich gut! Auch eine Kufenbremse wie weiter unten beschrieben tut hierbei gute Dienste.

Bei **tiefen Schneeverhältnissen** oder **steilen Anstiegen** kommt man natürlich an seine Grenzen, denn einen so schwer beladenen Schlitten durch Anschieben zu beschleunigen, ist nur sehr beschränkt möglich. Hier hilft nur vorausschauende Trailplanung und eventuell, die Hunde zu Fuß um Hindernisse zu führen. Sollte dabei der Schlitten zu schnell werden, kann man auch einen Schneeanker mitschleppen lassen, damit der Schlitten nicht auf die Hunde aufläuft. Eines der größten Probleme mit beladenen Schlitten ist das Befahren von schrägen Hängen. Durch das hohe Gewicht zieht es die Schlitten unweigerlich bergab, bei steileren Hängen oder Unaufmerksamkeit des Mushers droht dabei sogar ein Sturz. Hier muss man rechtzeitig mit Ausleger fahren, bevor

⌃ Unverspurtes Gelände – ein Traum für den, der gute Leithunde hat

Fahrtechnik mit beladenem Hundeschlitten

der Schlitten beginnt zu rutschen. Man kann auch mit dem auf der Kufe verbleibenden Fuß auf die Krallenbremse steigen. Diese wirkt wie ein kleiner Kiel und hilft, die Spur zu halten. Hilfreich ist auch eine Kufenbremse. Bei sehr schweren Schlitten hilft die alte Methode mit einem Gee-Pole. Dabei wird eine Stange seitlich am Schlitten angebracht und man stellt sich vor dem Schlitten entweder auf Ski oder auf ein in die Zugleine eingebundenes Brett und steuert den Schlitten von vorne.

Bei **Bergabfahrten** kann der Schlitten ein beträchtliches Tempo aufnehmen und leicht außer Kontrolle geraten. Es hilft entweder ein Bremssystem, das vom Handlebar aus gesteuert werden kann, oder man hält vor der Abfahrt kurz an und wickelt eine Kette um jede Kufe. Dann geht es gemütlicher bergab. Natürlich haben auch scheinbar gerade und flache Trails ihre Tücken. Beispielsweise sind die Trails oft nur dort fest, wo sie befahren sind. Kommt man durch Unachtsamkeit etwas neben den Trail, bricht eine Kufe weg und man kippt unweigerlich um.

Der **Schnee** im hohen Norden ist häufig sehr kalt und hat eine zuckerähnliche Struktur, wie Treibsand. Da die meisten Hunde gern am Wegrand entlanglaufen, bleibt man besser konzentriert bei der Sache. Spannend wird es bei Seitenwind, der kann unsere hoch bepackten Schlitten einfach vom Trail blasen. Dann hilft

▵ Willkommene Pause auf einer langen Tour

nur Gegensteuern wie bei engen Kurven. Auch hier ist eine Kufen-bremse eine deutliche Erleichterung. Nach **Schneefällen** und bei **starkem Wind** oder bei nachmittäglicher **Sonneneinstrahlung** ist der Trail oft weich und die Hunde merken das Gewicht. Hier lohnt es sich, leicht und beständig mitzupedalen und/oder mit Skistö-cken anzuschieben. Früh aufstehen ist hilfreich, um bei warmem Frühlingswetter vor der Mittagshitze am Ziel zu sein.

Auf Seen und Flüssen kann es durch die Wärme zu „Overflow" (s. S. 106) kommen, der am frühen Morgen oft noch schön ge-froren ist. Überhaupt sollte man auf Gewässern vorsichtig sein, speziell gegen Ende der Saison oder zu deren Beginn. Das Eis ist generell dort am dünnsten, wo starke Strömung herrscht (z. B. an Flussengstellen, der Außenseite bei Flussbiegungen, Seezu- und abflüssen und unter Brücken) oder wo warmes Wasser herein-kommt (Zuflüsse, Rohreinleitungen unter der Wasseroberfläche wie von Kläranlagen oder Quellen). Die markierten Trails folgen ei-ner Ideallinie, trotzdem sollte man die Augen aufhalten. Nicht ver-trauen darf man Motorschlittenspuren! Moderne Motorschlitten haben kein Problem, über offene Wasserstellen zu fahren! Notfalls sollte man lieber einen neuen Trail am Ufer entlang spuren. Sehr gefährlich sind auch Stauseen, da diese manchmal auch im Winter Wasser ablassen. Dann liegt das Eis nicht auf Wasser, sondern es ist Luft darunter!

Die Hunde können leicht vier Stunden ohne Pause oder län-ger durchlaufen. Trotzdem kann man ab und zu eine kleine **Pause** einlegen und den Hunden einen kleinen Snack zukommen lassen (z. B. ein Stückchen Hühnerwurst o. Ä.). Auch dem Menschen schadet eine Pause nicht und nach vier Stunden Fahrt ist ein klei-nes Picknick durchaus angesagt. Dafür hält man dann später län-ger durch.

Notfallmanagement

Trotz aller Vorsicht kann es passieren, dass etwas dazwischen kommt und man das gesteckte Tagesziel nicht erreicht. In den meisten Fällen wird das **Wetter** der Auslöser sein, vor allem Wind, insbesondere in Verbindung mit Schnee. Es muss dafür nicht

⌂ Iglu der Luxusklasse

unbedingt schneien. Der Wind kann den im Norden häufig vorkommenden trockenen Schnee in Form eines ausgewachsenen Schneesturms übers Land blasen, obwohl man über sich die Sonne sieht *(Groundstorm)*. Auch ein **Schaden am Schlitten** kann zu einer unverhofften Unterbrechung der Reise führen. Ist man auf Campingurlaub eingestellt, kann man einfach an Ort und Stelle zelten. Hat man kein Zelt dabei, bleibt nur, sich einzugraben. Um nicht zu erfrieren, muss man sich vor der Kälte und vor allem vor dem Wind schützen (siehe auch Windchill-Tabelle Seite 118). **Unterkühlung** ist die größte Gefahr, die uns begegnen kann. Durch Wind, Inaktivität und oftmals feuchte Kleidung sinkt die Körpertemperatur um 1 bis 3 °C pro Stunde ab! Eine Schneehöhle, ein Iglu oder eine Kombination von beidem schützen vor Wind und lassen sich mit Körperwärme und /oder Kerze gut wärmen. Die schnellste und einfachste Lösung ist eine **Schneehöhle.** Die Schneehöhe muss dafür aber mindestens 1,20 m betragen. Eine

Lawinensonde hilft beim Sondieren. Ein leichter Hang erleichtert den Bau erheblich. Dann gräbt man sich einfach in den Schnee hinein, entweder von oben (etwas mühselig) oder von einem zuvor gegrabenen Arbeitsschacht, der später auch als Einstieg genutzt werden kann. Die Wandstärke sollte mindestens 40 cm betragen. Wenn möglich, sollte die Luft aus der Schneehöhle abfließen können (Kaltluft). Man achte auch auf genügend Luftzufuhr, eine Kerze im Innern zeigt an, ob genügend Sauerstoff vorhanden ist. Als Dach nimmt man Stöcke, Skier, Schneeschuhe und eine Plane/Poncho. Je nach Grabungsausdauer kann man in einem Notbiwak sitzen oder sogar liegen. Aufpassen sollte man bei aller Dringlichkeit, dass man beim Graben nicht ins Schwitzen kommt. Nach 30 Minuten kann man mit etwas Übung schon einziehen. Ist nicht genügend Schneehöhe vorhanden, kann man Schnee zu einem Hügel aufschaufeln, dabei immer wieder festtreten und anschließend aushöhlen *(Quinzhee)*. Hat man wasserdichte Kleidungssäcke mit, kann man diese eingraben, Schnee darauf schaufeln und anschließend wieder hervorholen, das spart viel Arbeit beim Aushöhlen. Bei niedriger Schneehöhe kann man auch zwei Schächte graben und diese durch einen Schlupftunnel verbinden. Anschließend stellen sich eine oder mehrere Personen in einen der Schächte, spannen einen Poncho oder Ähnliches über ihre Köpfe und lassen sich zuschaufeln. Man kann die Höhle dann von innen durch den Schlupf erweitern.

Ein **Iglu** ist in Notsituationen meistens zu aufwendig zu bauen, außerdem braucht man dazu den geeigneten Schnee.

Tipp: Unabhängig davon, ob man im Zelt, in der Hütte oder in der Schneehöhle übernachtet, eine Schaufel sollte immer mit reingenommen werden, denn schnell ist die Tür zugeschneit!

Sollte alles nichts mehr helfen, jemand krank oder verletzt und diese Person nicht mehr aus eigener Kraft zu evakuieren sein, muss man **Hilfe anfordern.** In den nördlichen Breiten ist die Handyanbindung wenig bis gar nicht vorhanden! Als Sicherheit sollte man dort ein **Satellitentelefon** dabeihaben! Dies ist nicht ganz billig, aber die einzige Möglichkeit, in solchen Gegenden zu telefonieren. Es gibt auch **GPS-Notfallsender,** die, wenn man sie aktiviert, via Satellit die Search-and-Rescue (SAR) Zentrale alarmieren (z. B. SPOT oder DeLorme).

Anhang

◁ Gut vorbereitet ist das Mushen ein unvergleichlicher Genuss
(143mu Abb.: tg)

Literaturtipps

Magazine

- **Husky:** Informatives Magazin des neuen Verbandes VDSV; gute Berichte zum Schlittenhunde-Know-how.
- **Mushing:** Sehr informatives und vielseitiges Magazin; vermittelt viel Wissen um Schlittenhunde; Verbandsnachrichten der IFSS.

Bücher

Deutsche Schlittenhundebücher

- **Blaue Augen und die Sehnsucht nach Schnee,** Thomas Hoffman, BoD GmbH Norderstedt. Spannendes Buch über das längste Rennen Europas, dem Finnmarksloppet.
- **Husky-Power,** Piero Rossi-Mura, Goldrausch Verlag. Trainingslehre, speziell für die Vier-Hunde-Klasse.
- **Iitarod,** Gary Paulsen, Piper Verlag. Sehr fesselnd geschriebener Erlebnisbericht: Vom Anfänger zum Iditarod-Teilnehmer.
- **Kalte Schnauzen, kalte Hände,** Dieter Zirngibl, Libri Books on Demand. Packender Erlebnisbericht vom Yukon Quest.
- **Schlittenhunde,** Rainer Brinks, Kosmos Verlag. Ein Buch, kurz und bündig, das über Sport und Haltung informiert.
- **Schlittenhunde,** Rico Pfirstinger, Kosmos Verlag. Klein, aber fein! Ein informatives Büchlein für den Einsteiger mit schönen Bildern.
- **Schlittenhunde in Eis und Schnee,** Dominique Cellura, Blanckenstein Verlag. Das beste Buch über die Geschichte der Schlittenhunde; brilliante Bilder. Nur noch im Antiquariat erhältlich.
- **The Speed Mushing Manual – Wie trainiere ich Schlittenhunde?,** Jim Welch, Goldrausch Verlag. Eine interessante Übersicht über ein ganzes Spektrum von Trainingsmethoden.

Englische Schlittenhundebücher

- **Back of the Pack,** Don Bowers, Publication Consultants. Packendes Buch vom Iditarod aus der Sicht vom Ende des Feldes.

- **Dick Mackay,** Lew Freedman, Epicenter Press. Pionier und Sieger des Iditarod-Rennens.
- **Dog Driver,** Miki and Julie Collins, Alpine Publications. Die Bibel für den Musher, hier steht fast alles drin.
- **George Attla,** Lewis Freedman, Stackpole Books. Die Legende unter den Mushern.
- **Iditarod, the first 10 years,** the Old Iditarod Gang, Tricia Brown (Hg.), Raine Hall Rawlins (Hg.) und Gail Philillips (Hg.). Ein fantastisches Buch der Old Iditarod Gang über das große Rennen!
- **MUSH,** Bella Levorsen, Arner Publications. Ein hervorragendes Anfängerbuch.
- **My Life of Adventure,** Cecil B. Murphey, Stackpole Books. Das Leben der Musherlegende Norman D. Vaughan, der noch mit 90 Jahren das Iditarod fährt.
- **Sled Dog Trails,** Mary Shields, Pyrola Publishing. Ein liebevoll geschriebenes Buch von der ersten Frau, die das Iditarod beendete.
- **The Lance Mackey Story,** Lance Mackey, Zorro Book. Die Geschichte eines überragenden Mushers.

Hintergrundwissen um Hunde
- **Der Wolf im Hundepelz,** Günther Bloch, Westkreuz Verlag. *Das* Buch, wenn es um Hundeerziehung geht. Objektive und umfassende Darstellung verschiedenster Methoden.
- **Ernährung des Hundes,** Helmut Meyer, Eugen Ulmer Verlag. Ein Muss, will man das Futter selber mischen.
- **Erste Hilfe für den Hund,** Frank Lausberg, Kosmos Verlag.
- **Hundesprache verstehen,** Brigitte Harries, Kosmos Verlag.
- **Positiv bestärken – sanft erziehen,** Karen Pryor, Kosmos Verlag. Ein Muss für jeden Hundebesitzer!
- **Stress bei Hunden,** Clarissa von Reinhardt, Animal Learn Verlag.
- **Tellington-Training für Hunde,** Linda Tellington-Jones, Kosmos Verlag. Die Tellington-Methode für Hunde in Wort und Bild.

Outdoorwissen
- **3x3 Lawinen – Entscheiden in kritischen Situationen,** Werner Munter, Pohl & Schellhammer.
- **Erste Hilfe unterwegs,** Armin Wirth, REISE KNOW-HOW Verlag. Ein sehr nützliches Büchlein für die Erste Hilfe in der Natur.

- **Wildnis-Küche,** Rainer Höh, Reise Know-How Verlag. Ein Ratgeber für abwechslungsreiches Essen unter freiem Himmel!
- **Orientierung mit Karte, Kompass und GPS,** Rainer Höh, Wolfram Schneider, Reise Know-How Verlag. Der Praxis-Ratgeber für sichere Orientierung im Freien mit modernen Hilfsmitteln!

Veranstalter

Deutschland

- **Waldschrat's Adventure Company,** Thomas Gut, 94258 Frauenau, Tel. 09926 731, www.waldschrat-adventure.de (Der Autor des vorliegenden Buches bietet seit über 25 Jahren Fahrkurse für Anfänger und Fortgeschrittene an.)
- **Go Ahead Travel,** Tauberweg 7, 86916 Kaufering, Tel. 08191 64563, www.goaheadtravel.de (Schlittenhundetouren weltweit)

Frankreich

- **Esprit du Nord,** Jiri Bognar, 26420 Vassieux-en-Vercors, Tel. +33 (0475) 489710, www.esprit-du-nord.com
- **Kiska Vercors,** Jacques Gaspard et Marie Annick Parazols, le Souillet, 26420 Vassieux-en-Vercors, Tel. +33 (0475) 482716, www.kiska-vercors.com

Italien

- **Scuola Italiana Sleddog,** A. Khatchikian, Località Case Sparse 10, 25056 Ponte di Legno (BS), Tel./ Fax +39 (0364) 92231
- **Scuola Internazionale Mushing,** Ararad Khatchikian, Monica D'Eliso, Via Verdi 21, 33010 Fusine in Valromana, Tel. +39 (0348) 2685867, www.ararad.net

Österreich

- **Schlittenhundeschule.at,** Oliver Mandl, 4453 Horgelsberg, Mountain Wolf Farm, +43 (07281) 20566

Schweiz

■ **Erlebniswelt Muotathal GmbH,** Widmen, Postfach 34, CH–6436 Muotathal, +41 (041) 830285, www.erlebniswelt.ch

Schottland

■ **Cairngorm Sleddog Centre,** Alan & Fiona Stewart, Mooremore Cottage, PH221QU Aviemore, Tel. +44 (07767) 270526, www.sled-dogs.co.uk

Tschechien

■ **Maas Natventures s.r.o.,** Horst Maas, Salmanvia 30, 37312 Borovany, +42 (0602) 147433, www.husky-safari.at

Norwegen

■ **Huskyfarm Innset,** Björn Klauer, 9250 Bardu, www.huskyfarm. de. Die Betreiber kommen aus Deutschland.
■ **Alaskan Husky Tours,** Ketil Reitan, 2550 Narjordet, Tel. +47 62498766, www.huskytour.no
■ **Active Tromso,** Tore Albrigtsen, www.activetromso.no

Schweden

■ **Lapland Wilderness Tours,** Kaupinnen 187, 98192 Kiruna, Tel. +46 (0980) 29190, www.laplandwildernesstours.com.
■ **Fjellborg Arctic Journeys,** Kenth Fjellborg, Poikkijärvi 1, 98192 Kiruna, Tel. +46 (0980) 29060, www.fjellborg.com
■ **White Trail Adventure,** Kaupinnen 163, 98192 Kiruna, Tel.: +46 (0)730469304, www.whitetrailadventures.com

Finnland

■ **Eräkeskus Wilderness Lodge Oy,** Alakylä 15, 81970 Jongunjoki, Tel. +358 (040) 8654668, www.nature-trail.com. Hier wird auch Deutsch gesprochen.

Mongolei

- **Wind of Mongolia,** Joël Rauzy, Ulaanbaatar 211121, PO.21 P.Box – 737, Tel. +976 (099) 090593, (Infos auf Englisch, Französisch und Spanisch), www.windofmongolia.mn

Kanada

- **Blue Kennels,** Sebastian Schülle, Box 31523 Whitehorse, Tel. +1 (0867) 6332219 (auf Deutsch), www.bluekennels.de
- **Muktuk Adventures ltd.,** Frank Turner, Box 20716, Whitehorse, Tel. +1 (0867) 6683647, www.muktuk.com
- **Paws'n'Paddles Wilderness Tours,** Miriam Körner, Box 652, Air Ronge, SOJ 3GO Saskatchewan, Tel. +1 (0306) 4253111 (auf Deutsch), www.pawsandpaddlestours.com

USA

- **Alaskan Tails of the Trail,** Mary Shields, PO Box 80961-W, 99708 Fairbanks, Tel. +1 (0907) 4556469, www.maryshields.com
- **Wintergreen Dogsled Lodge,** Paul Schurke, 1101 Ring Rock Road, Ely, 55731 Minnesota, Tel. +1 (0218) 3656022, www.dogsledding.com

Vereine und Verbände

In Deutschland

- **VDSV** (Verband Deutscher Schlittenhundesport Vereine e.V.), Tel. 02428 1562, www.vdsv.de
- **DCNH** (Deutscher Club für Nordische Hunde e. V.), Tel. 09161 8824932, www.dcnh.de
- **SHC** (Siberian Husky Club e. V.), Angelika Dietrich, Alslebener Str. 8, 06425 Plötzkau, Tel. 034692 38727, www.huskyclub.de
- **SSD** (Schlittenhundesport Deutschland e. V.), Sabine Linderer, Pernauer Str. 73, 83024 Rosenheim, Tel. 08031 288639, www.huskynet.de

Internationale Verbände

- **ESDRA** (European Sled Dog Racing Association), Europäischer Dachverband, Beckombergavägen 32, S–16854 Bromma, Tel. +46 (70) 6333401, www.esdra.net
- **FISTC** (Fédération International Sportive de Traineau à Chiens), Europäischer Dachverband für reinrassige Hunde, www.fistc.com
- **IFSS** (International Federation of Sleddog Sports), Weltdachverband des Schlittenhundesports, www.sleddogsport.net, für Europa: Jürgen Lüber, j.lueber@t-online.de
- **ISDRA** (International Sled Dog Racing Association), Weltverband für Schlittenhunderennen, www.isdra.org
- **ISDVMA** (International Sled Dog Veterinary Medical Association), Weltverband der Renntierärzte für Schlittenhunde, P.O. Box 828, Putney, VT 05346, USA, www.isdvma.org
- **WSA** (World Sleddog Association for Registred Nordic breeds), Weltverband für reinrassige Schlittenhunde, www.wsa-sleddog.com

Internetadressen

Aktuelle Informationen über Schlittenhunde

- www.dogsled.com
- www.mushing.com
- www.hundezeitung.de
- www.sleddogcentral.com
- www.sommerschild.com/stamtavla
- www.adn.com/term/team-and-trail

Lawinenbericht

- **Lawinenlagebericht Bayern:**
  www.lawinenwarndienst-bayern.de
- **Lawinenlagebericht Österreich:** www.lawine.at
- **Lawinenwarndienste in Europa:** www.slf.ch

Ausrüster für Schlittenhundezubehör (Auswahl)

- Apocalypse Design: www.akgear.com
- Cold Spot Feeds: www.coldspotfeeds.com
- Ernst Danler: www.danler-sleds.com
- Dogbooties.com: www.dogbooties.com
- Fritz Dyck: www.dyck-carts.de
- Oinakka-Schlitten: www.oinakka.com
- Sledwork: www.sledwork.de
- Tanzilla: www.tanzilla.ca
- Manmat: www.manmat.cz

Veranstalter für Schlittenhundereisen

Australien
- www.sleddogtours.com.au

Deutschland
- www.waldschrat-adventure.de
- www.hundeschlittenreisen.de

Finnland
- www.eräkeskus.com
- www.polarspeed.fi

Frankreich
- www.esprit-du-nord.com
- www.kiska-vercors.com

Italien
- www.scuolaitalianasleddog.it
- www.ararad.net

Kanada
- www.bluekennels.de
- www.pawsandpaddles.com
- www.muktuk.com

Mongolei
- www.windofmongolia.mn

Norwegen
- www.huskyfarm.de
- www.huskytour.no
- www.activetromso.no

Österreich
- www.husky-safari.at

Schottland
- www.sled-dogs.co.uk

Schweden
- www.whitetrailadventures.com
- www.laplandwildernesstours.com
- www.laplandhusky.com

Schweiz
- www.erlebniswelt.ch/home

USA
- www.maryshields.com
- www.dogsledding.com

Weltweit
- www.askaboutsports.com/dog-sledding/clubs.htm

Veranstalter Hundeerziehung
- www.hundeschule-sylvia-ulrich.de
- www.canis-kynos.de

Rennorte in Deutschland und dem Alpenraum (Auswahl)

Ort/Rennen	Land/Raum	Art des Rennens
Alpentrail	Südtirol/Schweiz	Etappenrennen
Andermatt	Schweiz	Sprint
Antholz	Südtirol	Sprint
Auronzo	Südtirol	Sprint
Bernau	Schwarzwald	Sprint- und Mitteldistanz
Destne	Tschechien	Mitteldistanz
Frauenau	Bayerischer Wald	Sprint
Haidmühle	Bayerischer Wald	Sprint- und Mitteldistanz
Jakuszyce	Polen	Sprint- und Mitteldistanz
Kandersteg	Schweiz	Sprint
Längenfeld	Österreich	Sprint
Oberwiesenthal	Erzgebirge	Sprint- und Mitteldistanz
Postalm	Österreich	Sprint
St. Cergue	Schweiz	Sprint- und Mitteldistanz
Todtmoos	Schwarzwald	Sprint- und Mitteldistanz
La Grande Odyssée	Französische Alpen	Etappenrennen
Wallgau	Deutsche Alpen	Sprint
Warmensteinach	Fichtelgebirge	Sprint- und Mitteldistanz
Werfenweng	Österreich	Sprint

Bildnachweis

Soweit nicht direkt am Bild vermerkt, stehen die Kürzel an den Abbildungen für folgende Personen. Wir bedanken uns für ihre freundliche Abdruckgenehmigung.

Umschlag vorn	*jö*	= *Jan Ölkers*
Fotolia.com © Zakharov Evgeniy	*mk*	= *Miriam Körner*
Umschlag hinten	*tb*	= *Thomas Buri (Zeichnungen)*
Thomas Gut	*tg*	= *Thomas Gut (der Autor)*

Fundiertes medizinisches Basiswissen für Laien und Experten

von REISE KNOW-HOW

Erste Hilfe unterwegs

Armin Wirth
978-3-8317-1555-8

336 Seiten
Zahlreiche Fotos
50 Grafiken und Schemata, Register
Glossar medizinischer Fachbegriffe

14,90 Euro [D]

- Sicheres Erkennen von Erkrankungen auf Reisen und im Alltag
- Schnelle Behandlung von Schnittwunden, Bauchschmerzen, Herzinfarkt und vielen weiteren Beschwerden oder Notfällen
- Effiziente Maßnahmen gegen Blasen, Verstauchungen oder Erfrierungen
- Improvisationstechniken aus der Praxis
- Detaillierte Tipps zur Vorbeugung und Nachbehandlung
- Notruftechniken, Transport und Evakuierung zu Land, zu Wasser und in der Luft
- Schnellübersichten an jedem Kapitelende
- Tipps zur Vorbereitung und für die Ausrüstung

www.reise-know-how.de

Das komplette Programm zum Reisen und Entdecken von
REISE KNOW-HOW

- **Reiseführer** – alle praktischen Reisetipps von kompetenten Landeskennern
- **CityTrip** – kompakte Informationen für Städtekurztrips
- **CityTrip**PLUS – umfangreiche Informationen für ausgedehnte Städtetouren
- **InselTrip** – kompakte Informationen für den Kurztrip auf beliebte Urlaubsinseln
- **Wohnmobil-Tourguides** – alle praktischen Reisetipps für Wohnmobil-Reisende
- **Wanderführer** – exakte Tourenbeschreibungen mit Karten und Anforderungsprofil
- **KulturSchock** – Orientierungshilfe im Reisealltag
- **Kauderwelsch Sprachführer** – vermitteln schnell und einfach die Landessprache
- **Kauderwelsch plus** – Sprachführer mit umfangreichem Wörterbuch
- **world mapping project**™ – aktuelle Landkarten, wasserfest und unzerreißbar
- **Edition REISE KNOW-HOW** – Geschichten, Reportagen und Abenteuerberichte

Register

Der Autor

086mu Abb. tg

Thomas Gut (geb. 1960) verlebte seine Kindheit in den Hopfengärten der Holledau. Sein eingeschlagener Weg – Realschule, Fachabitur, Chemiestudium, Diplomingenieur – verlief zunächst normal. Doch schon während des Studiums verfiel er mehr und mehr dem Leben in

Bei einem Rennen in den Dolomiten

und mit der Natur. Klettern, Höhlenforschen und Canyoning sowie lange winterliche Wildnis-Wanderungen und Skitouren in den Alpen und den deutschen Mittelgebirgen ließen den Wunsch eines einfachen, naturverbundenen Lebens keimen.

Schließlich nötigten ihn fünf überlassene Huskys von Rainer Höh, einem bekannten Buchautor, zu einem Ortswechsel, der in die weiten Wälder des Bayerischen Waldes führte. Ein abgelegener Bauernhof in der Nähe von Zwiesel wurde das neue Zuhause von Thomas und seinen Hunden. Seit 1989 betreibt er eine Schlittenhundeschule mit zwischenzeitlich 50 vierbeinigen Mitarbeitern und einigem anderen bäuerlichen Getier. Über 50.000 Kilometer brachte er auf den Kufen hinter seinen quirligen Vierbeinern hinter sich. Seine Hunde führten ihn erfolgreich auf viele internationale Rennen, sogar bis nach Sibirien. Dass ihm die Lehrtätigkeit eine bald ebenso große Freude bereitete wie das Bestreiten von Rennen, beweisen die vielen begeisterten Schüler, die seine Schlittenhundeschule besuchen.

So haben ihm die Huskys geholfen, einen mutigen Schritt zu tun und den Traum eines einfachen, naturverbundenen Lebens wahr werden zu lassen.

Befallen vom Virus Schlittenhund – Diagnose: unheilbar!